民族精神,似熊熊薪火,照亮青春奋进之路;

中华文明,如汩汩清泉,润泽青春梦想之花。

霍去病

给孩子读的中国先贤故事

德元 —— 著

远方出版社
·呼和浩特·

图书在版编目（CIP）数据

霍去病 / 德元著. -- 呼和浩特：远方出版社，2024.9. -- ISBN 978-7-5555-2001-6

Ⅰ．K825.2

中国国家版本馆CIP数据核字第2024SZ3586号

霍去病
HUO QUBING

著　　者	德　元
责任编辑	孟繁龙
封面设计	VIOLET
版式设计	曹　驰
出版发行	远方出版社
社　　址	呼和浩特市乌兰察布东路666号　邮编010010
电　　话	（0471）2236473总编室　2236460发行部
经　　销	新华书店
印　　刷	天津中印联印务有限公司
开　　本	880毫米×1230毫米　1/32
字　　数	130千
印　　张	5.25
版　　次	2024年9月第1版
印　　次	2025年1月第1次印刷
印　　数	1—5000册
标准书号	ISBN 978-7-5555-2001-6
定　　价	42.00元

如发现印装质量问题，请与出版社联系调换

出版说明

在这个瞬息万变的时代,我们享受着前所未有的便捷生活,却也不得不直面接踵而至的挑战与困难。世界仿佛一张错综复杂的大网,令人眼花缭乱。然而,无论时代如何变迁,每个人都无法回避一个根本问题:如何在有限的时空里,让生命绽放出有意义的光彩?对于青少年而言,正确认识这个问题并给出准确的答案显得尤为迫切,他们的人生刚刚起航,充满了无限可能,却也常常在迷茫与困惑中徘徊。

青少年时期,是塑造世界观、人生观和价值观的关键时期,每一次新的经历都如同为未来埋下的一粒种子,看似微不足道,却可能在岁月的滋养下成长为参天大树,也可能因土地贫瘠、养分不足而艰难成长。因此,为青少年提供怎样的精神养料绝非小事,它不仅关乎青少年的未来,更关乎国家和民族的命运,诚如梁启超先生所言:"少年智则国智……少年强则国强……"

当我们回溯五千多年的中华文明,不禁为其所蕴含的丰富宝藏而惊叹,那些闪耀着智慧光芒的中国先贤,宛如夜空中最璀璨的星辰,穿越时空的重重阻隔,为后人传递着无穷无尽的智慧与力量。

孔子,这位伟大的思想家、教育家,一生周游列国,四处奔走,试图推行自己的政治主张,却屡屡受挫。然而,他始终秉持"知其不可而为之"的坚定信念,从不退缩。晚年,他呕心沥血,整理诗书,为中华民族留下了一部部皇皇巨著,成为后人取之不尽、用之不竭的文化源泉。孔子的一生是执着追求理想的一生,他的坚韧与担当为后人树立了光辉的榜样。

霍去病,凭借卓越的军事才能和非凡的勇气,年仅十八岁便踏上抗击匈奴的征程,纵横沙场,连战连捷,立下赫赫战功。

李白,以浪漫飘逸的诗风,傲然屹立于中国文学的巅峰。他自信豪迈,"仰天大笑出门去,我辈岂是蓬蒿人",尽显他对自身才华的高度自信;他不拘小节,"天子呼来不上船,自称臣是酒中仙",表现出他对权贵的不屑与傲视。

尽管仕途坎坷，但他始终坚守自我，以清新畅快的诗句描绘出一个奇幻瑰丽的文学世界，让后人领略到他那自由奔放的思想魅力。

除了孔子、霍去病、李白，中华历史长河中还有无数震古烁今的先贤：抱朴守真的老子，以其深邃的哲学思想为后人揭示了宇宙与人生的奥义；乐观旷达的苏轼，无论身处何种困境，始终保持豁达的心态，留下了一篇篇脍炙人口的佳作；千古才女李清照，以细腻的情感、卓越的才华在男性主导的文学世界中独树一帜。此外，商鞅、张衡、张仲景、李时珍、张居正、徐霞客等先贤，在各自的领域都取得了非凡的成就，为中华文明的发展作出了很大贡献。

这些先贤的人生轨迹各不相同，但是他们在人生的道路上都经历过坎坷与坦途、机遇与挑战、得意与失意。他们的故事，就像一面镜子，映照出我们每一个人的生活。

当代学者戴锦华说过："经由电影荧幕，望向他者。"这种对"他者"的关注，最终会引导我们回归自身，思考人生的意义。先贤们各具特色的个性、品质、才华和志向，为青少年提供了一个个参照系，让他们从中寻找"历史中的我"，进而思考"当下的我"。通过学习先贤的经验，青少年能够更好地规划自己的人生道路，这就是榜样的力量，也是历史传承的意义所在。孔子因崇敬周公，致力于推广周礼，著书立说，开创了儒家学派；司马迁因敬仰孔子，发愤图强，完成了被誉为"史家之绝唱，无韵之《离骚》"的《史记》。

"高山仰止，景行行止。"我们深信，中国先贤的故事和精神，将成为青少年成长道路上的宝贵财富。为了将中国先贤的形象更加鲜活地呈现在青少年面前，我们精心策划了这套"给孩子读的中国先贤故事"丛书。在编写过程中，我们始终坚持真实、有趣的原则，多方搜集资料，深入考证史实，力求还原先贤的真实面貌。同时，我们对语言文字进行了反复打磨、润色，使故事生动有趣，易于青少年理解和接受。

希望青少年朋友们通过阅读本丛书，以中国先贤为楷模，从他们的故事中汲取智慧与力量，在人生的道路上勇往直前，为实现中华民族伟大复兴的中国梦挥洒青春热血，用奋斗的汗水浇灌梦想之花！

骠骑耀汉：霍去病的传奇征程

自古英雄出少年，霍去病——这位在千里大漠中如闪电般奔袭的少年将军，以其短暂却辉煌的一生书写了一段令后人热血沸腾的传奇，成为中国历史天空中一颗极为耀眼的星辰。

霍去病因姨妈卫子夫"一朝选在君王侧"而成为汉朝外戚，但他并未沉醉于富贵的生活之中安享逸乐。他渴望奔赴沙场、卫国保疆，建功立业的志向在他年少的心底已经深深扎根。

机会总是青睐有准备的人。霍去病志存高远，且精通骑射之术，年少时便获得了汉武帝的赏识与器重，成为天子近臣。汉武帝雄才大略，即位后积极谋划解决长期困扰汉王朝的匈奴难题。自汉朝建立伊始，匈奴便频繁侵扰边境，骠悍的匈奴铁骑瞬间突至，转眼间又如狂风般迅疾逝去，踪迹难觅。

汉高祖刘邦曾亲率大军征讨匈奴，不料被匈奴大军围困于白登山，经贿赂匈奴单于宠爱的阏氏才得以突围逃脱。经过这一战，刘邦认识到了匈奴的强大，将对付匈奴的战略由主动进攻改为求和。经过多年的休养生息，到汉武帝时，汉朝的经济与军事实力大幅增强。为了彻底解除匈奴之患，汉武帝大力发展和训练骑兵，同时着力挖掘和培养青年将领。

在这样的时代背景下，霍去病跟随舅舅卫青刻苦练习骑射技术，很快便脱颖而出，在中国历史舞台上开启了属于自己的壮丽篇章。

从18岁投身沙场，到24岁英年早逝，短短6年间，霍去病6次出击匈奴，参与了定襄之战、河西之战、漠北之战等重大战役，为汉朝的和平与稳定立下了不朽功勋。他的一生，犹如划破夜空的流星，短暂却无比绚烂，留下了一个个令人惊叹的传奇故事。

多数名将都需要经历漫长的战争磨炼，方能成就一番功业。而霍去病则不同，他天赋将才，宛如一颗横空出世的年少将星,在统兵作战之前,他没有丰富的军旅经历,也没听闻过多少战鼓之声。但他18岁初次出征时便旗开得胜,崭露头角;20岁时已经成长为独当一面的统兵大将,成功收复河西地区;22岁时更是统率大军,在漠北之战中扬威。

霍去病以其卓越的军事才华,年少时就在军事上达到了许多将领一生都难以企及的高度。后世的军事人物对他推崇备至、赞扬有加,明朝名将戚继光曾发出这样的惊叹:"卫青、霍去病、谢玄、岳飞、中山武宁王(徐达),他们是神仙吗?还是和我们一样的凡人呢?"宋代军事理论家何去非也感慨道:"卫青出身低贱,从奴仆中崛起;霍去病则在富贵骄纵的环境中成长而奋起。他们辗转征战万里之遥,所到之处没有不攻克的,声威和功绩震动天下,即使是古代的名将也无法超过他们。这两个人的才能,难道是来自平时的学习训练吗?这也是上天赋予他们的啊。"

屡战屡胜,百战不殆。"胜负乃兵家常事",战争是双方激烈的对抗,充满了不确定性,一战而胜或许不难,连战连捷也有可能，但要做到百战不殆，几乎难如登天。然而，霍去病打破了这一常理，在短暂的一生中，他先后6次率军出征，每一次都高奏凯歌，得胜而归，连战连捷，堪称战争史上的一个奇迹。就连撰写《史记》的司马迁在为霍去病作传时，面对他如此辉煌的战绩，也感到难以解释。无论遇到什么艰难险阻，霍去病都能带领军队取得胜利，这种持续的、卓越的表现，彰显了他非凡的军事才能和指挥艺术。

战功赫赫，战果辉煌。"一身转战三千里，一剑曾挡百万师。"霍去病在短短6年的军事生涯中，歼灭、俘虏匈奴士兵达15万人之多，成为西汉时期歼敌数量最多、战果最为辉煌的将领，在整个西汉历史上无人能出其右。在他的铁血征伐下，在大漠上纵横驰骋上百年的匈奴低下了骄傲的头颅，曾经不可一世的匈奴人被迫放弃了马踏长城的野心，蜷缩在漠北苦寒之地，在辽阔的草原上四处流浪，几乎找不到立足之地。

用兵如神，不拘古法。战争是一门充满变数与创造性的艺术，而霍去病的用兵策略堪称"神来之笔"。汉武帝曾建议霍去病认真研读兵家著作，以提升军事理论素养，霍去病却回应道："只是看（作战时的）谋略计策怎么样罢了，不必非要学习古代兵法。"这一看似傲气的回答，实则蕴含着他对战争的独特见解。兵无常形，传统兵法往往不适用于大漠草原这一独特的作战环境，因此霍去病大胆创新，独辟蹊径，自创战法。一是运用闪电战术。霍去病用兵风格凶猛凌厉，他充分发挥骑兵的机动优势，以快速突击的方式率领军队在战场上纵横驰骋，收放自如。他的军队行动起来，疾如风，徐如林，侵掠如火，不动如山，如闪电般迅猛，如雷霆般震撼，令匈奴军队闻风丧胆。二是实施远距离迂回和长途奔袭战术，出其不意，攻其不备。在作战中，他善于根据战场形势，灵活调整战术，出奇制胜。例如二征河西时，他采取迂回战术，长途辗转千里，巧妙避开匈奴军队的正面防线，从后方发起突然攻击，最终取得了丰硕的战果。三是充分发挥主观能动性，勇于创新，成功解决了骑兵在沙漠、荒原等全新战场环境下作战所遇到的一系列战术难题。他将骑兵的优势发挥到了极致，极大地提高了汉军在荒漠中行军作战的机动能力，增强了汉军的攻击力，使汉军成为匈奴人在荒漠战场上最为忌惮的对手。

威望崇高，深得军心。翻开中华名将谱，那些声名显赫、功业卓著的将帅，大多以爱兵如子著称。战国时期的吴起，与士兵同甘共苦、生死与共，有士兵生了恶性毒疮，吴起亲自为其吸吮脓液，因此"卒伍和睦，上下一心"，使得魏军"在魏，秦人不敢东向；在楚，则三晋不敢南谋"。李广也是一位深受部下爱戴的将军，每次得到赏赐，他都与士卒分享，以至于他自刎时三军为之号泣痛哭。霍去病则不同，他少年显贵，在军中地位极高，说一不二，独断专行，给人一种高高在上、难以接近的感觉，甚至以"不省士"而闻名。然而大江南北、长城内外的锐勇之士，纷纷慕名投奔霍去病，甘愿追随他建功立业，封妻荫子，显亲扬名。即便追随他奔赴到大漠的尽头，士兵们依然保持着高昂的士气以及令匈奴人胆寒的战斗力。究其原因，在于霍去病凭借战无不胜、攻无不克的英勇气概，征服了部属，赢得了他们的拥护和爱戴。这种别具一格的将士关系，在历史上独树一帜，也从一个侧面反映出霍去病独特的人格魅力和军事威望。

饮马瀚海，封狼居胥。"候骑出纷纷，元戎霍冠军""横行十万骑，欲扫虏尘余"，在漠北大战中，霍去病统率雄师长驱直入，纵横驰骋三千多里，深入匈奴腹地，饮马瀚海，封狼居胥，建立了不世功业。这场战役在当时堪称登峰造极之战，兵威之盛，天下无二。这样的完胜战例，在中国历史上是少之又少。

天妒英才，英年早逝。"瓦罐不离井上破，将军难免阵前亡。"令人惋惜的是，霍去病6次出征皆毫发无损，却在漠北大战两年后英年早逝，年仅24岁，这一突然变故成了中国历史上一大千古谜团。霍去病的早逝，让无数人为之扼腕长叹，唏嘘不已。他的一生，惊艳出场，辉煌谢幕，如同一条神龙，在天空降下风雨，然后飞驰而去，一闪而逝，只留下一段战神传奇供后人评说。这段传奇，既壮烈又凄美，既令人热血澎湃，又使人感伤不已，其中滋味，五味杂陈，难以用笔墨形容。

时势造就英雄，英雄亦造就时势。西汉与匈奴之间酝酿已久而爆发的冲突，为霍去病提供了崭露头角的舞台。

他在弱冠之年凭借卓越的军事才能，在塞外的征战中脱颖而出，立下了赫赫战功，成为那个时代当之无愧的勇士。

"太平本是将军定，不许将军见太平。"后人对霍去病的仰慕和崇拜，不仅仅是对一位少年英雄的怀念与哀思，更是对他所代表的尚武精神的推崇与向往。

目录

第一章 后生可畏 001

艰苦童年 003
时来运转 007
武帝赐名 012
少年壮志 016
藏器待时 023

第二章 一战封侯 033

嫖姚校尉 035
轻骑绝尘 038
功冠三军 042

第三章 河西之战 053

转战焉支 055
途中认亲 066
祁连哀歌 070
无以家为 075

第四章 黄河受降　083

　　二王议降　085
　　休屠死路　089
　　平定哗变　091

第五章 封狼居胥　099

　　漠北决战　101
　　饮马瀚海　108
　　宾客盈门　113

第六章 将星陨落　121

　　甘泉狩猎　123
　　英年早逝　134
　　不朽传奇　141

附　录　霍去病生平简表　149

第一章

后生可畏

霍去病出身卑微，但因为姨妈卫子夫受武帝宠爱，所以他的家族时来运转，他的命运也跟着发生了转折。不过，他没有安于富贵、沉迷享乐，而渴望横刀立马征战沙场。善骑射且有胆气的他，得到武帝的赏识做了近臣侍中。这也意味着迟早有一天，他会登上更广阔的历史舞台。

艰苦童年

在河东郡平阳侯府的仆妇大院里，一群孩子正在一起玩闹，不时发出一阵欢乐的笑声。大院的角落里，有个虎头虎脑的孩子正独自玩着蹴鞠，认真地练习各种动作技巧。可以看出他控制蹴鞠的能力很强，那只圆溜溜的蹴鞠仿佛粘在他的腿上一样，始终不坠。他偶尔停下来看看那群孩子，脸上有几分落寞的神情。因为这些孩子都不愿跟他一起玩，还骂他是个没爹的野孩子。

听到别人这样骂自己，他攥紧两只拳头，怒目而视，眼睛里像是要喷出火来。但他最终控制住了自己的情绪，跑回去向母亲卫少儿哭诉满腹的委屈与怨愤。但卫少儿只是深深地叹了口气，将他拥入怀中，默默地安抚着儿子。抱着年仅5岁的霍去病，她心里不由自主地想起了那个离开后便再也没有音信，让她又爱又恨的男人——霍仲孺。

这一切的发生跟卫少儿的家庭出身不无关系。

卫少儿的母亲卫媪是平阳侯府的女仆，卫媪年轻时嫁给平阳侯曹寿的骑奴卫氏，生下了四个儿女，分别是长子卫长君、长女卫君孺、次女卫少儿、三女卫子夫。不幸的是，卫氏在而立之年因病去世，卫媪独自拉扯着几个孩子，艰难度日。其间，她遇到了到平阳侯府当差的平阳县衙小吏郑季，两人有过一段情缘，并生下一子卫青。但郑季已有家室，小卫青并没有被这个家庭接纳，生父让他去放羊，继母则把他当做奴仆使唤，继母的孩子们也不善待他。长大后，饱受煎熬的卫青选择回到母亲卫媪身边，在平阳侯府当骑奴。

卫少儿出落得亭亭玉立，如出水芙蓉，含苞待放。可是，出身于这样的家庭，她和姐妹们都无法主宰自己的命运，只能在平阳侯府当侍女。从小到大，她一直谨记母亲的教诲，勤恳做事，本分做人，过着平静安稳的生活。然而，一个男人的到来，使她重蹈了母亲的覆辙。

命运总是惊人的相似。汉景帝后元三年（前141年）左右，平阳侯府中来了一个小吏，同样是从平阳县被派来这里当差办事的，他就是霍仲孺。霍仲孺来到平阳侯府后，恰好被安排住在侯府后院的侧厢房，与仆妇大院仅一墙之隔，并且去往侯府后花园还要经过仆妇大院。每日进出往来，霍仲孺渐渐与仆妇们熟悉了，活泼美丽的卫少儿引起了他的关注，他的目光总是不由自主地搜寻着她那可爱又迷人的身影。

情窦初开的卫少儿，隐隐约约也感觉到了霍仲孺对自己的情意。一来二去，二人擦出了爱情的火花，常常私下相会。卫少儿享受着爱情带来的甜蜜，她热切地盼望着霍仲孺能够迎娶自己，带自己离开这个仆妇大院，从而摆脱现在的奴仆生活。

卫媪很快就通过一些蛛丝马迹觉察到了女儿的情事，联想到自己的亲身经历，她少不得提醒卫少儿："少儿，娘看你最近同那个新来的平阳县吏走得很近。我也年轻过，明白你的心事。只是那个人轻狂放荡，将来未必靠得住，恐怕他只是同你逢场作戏，图一时的欢乐，若差事完结他一走了之，你怎么办？"

可是，恋爱中的女人容易被爱情冲昏头脑。卫少儿回应母亲说："娘，您多虑了。我知道您因为以往的经历，难免会对我们姐妹的婚事有所担心。但是，霍仲孺与我两情相悦，而且他已经许诺说要娶我了，您放心吧，他一定不会辜负我的。"

日子一天天地过去,卫少儿发现自己怀孕了,她十分激动,赶忙把这个消息告诉霍仲孺,殷切期盼他能兑现自己的诺言。但是,懦弱的霍仲孺不敢承认自己跟平阳侯府的侍女私通,他表面上一如既往地对卫少儿以款语温言相待,暗地里做好了逃避责任的打算。当差期限一到,他就悄悄离开了平阳侯府,没有与卫少儿告别,并且再也没有来找过她。

面对霍仲孺的薄情寡义,卫少儿无可奈何,她想起母亲曾经对自己的劝诫,不禁懊悔万分,然而一切为时已晚。身边有人劝她放弃这个孩子,日后好再做打算。卫少儿坚决不肯,在她看来孩子是无辜的,历经十月怀胎的艰辛之后,她于建元元年(前140年)平安产下一个男孩,这个孩子就是霍去病。

当时,平阳侯曹寿的夫人是汉武帝的亲姐姐阳信公主,又称平阳公主。后来平阳侯曹寿去世,平阳公主改嫁开国功臣夏侯婴的曾孙汝阴侯夏侯颇,搬回长安居住。卫少儿和家人也追随平阳公主到了长安。而霍仲孺回到平阳县后,继续当着小官,并且娶了妻子,又生了孩子,生活幸福美满。他渐渐淡忘了卫少儿,对从未谋面的儿子也没有尽过一点儿抚养义务。

在那个时代，奴仆的孩子大概率将来也是奴仆。霍去病以私生子的身份降生，母亲也只是一个身份卑微的侍女，无论怎么看都很难有出人头地的机会。如果不出意外，他将来大概也会成为富贵人家的奴仆。谁也没有料到，这个孩子日后会成长为大汉王朝的少年英雄。

时来运转

不管是霍去病，还是跟他身世相似且同样凭借武功受到汉武帝重用的卫青，他们之所以能够在大汉的舞台上大放异彩，都离不开一个女人，她就是卫少儿的妹妹、卫青的姐姐——卫子夫。

建元二年（前139年），霍去病刚出生不久，大汉天子汉武帝率领文武百官，在霸上举办了一场庄严肃穆的开春祭典，然后他怀着轻松愉悦的心情前往平阳侯府，探望自己的胞姐平阳公主。

汉武帝与平阳公主自幼一起长大，姐弟二人感情深厚，亲密无间。平阳公主十分清楚，弟弟与陈阿娇成婚多年，夫妻二人琴瑟和鸣，伉俪情深，然而始终未能诞下子嗣，这成了弟弟的一大心病。

为了让大汉皇室能够子嗣绵延，也为了给弟弟排忧解难，平阳公主在自己的府邸之中，如同挑选稀世珍宝一般，悉心物色了一群年轻貌美、如花似玉的女子。这些女子全都接受了严格的训练，不仅能歌善舞，而且精通琴棋书画、诗词曲赋。她们就像经过精心打磨的美玉，在平阳侯府中静候时机，等待着被献给当今皇上。

于是，在这个春风微拂、阳光和煦的午后，平阳侯府内热闹非凡，一场盛大而奢华的宴席在一片欢声笑语中缓缓拉开了帷幕。夜幕降临，华灯初上，侯府内烛火摇曳，光影交错，空气中弥漫着浓郁的酒香。那些被平阳公主寄予厚望的美人，一个个浓妆艳抹，打扮得花枝招展，如众星捧月般围绕在汉武帝身边。有的美人巧笑嫣然，那笑容如同春日盛开的花朵，明媚动人；有的美人娇声软语，声音宛若黄莺出谷，婉转悦耳。她们使出浑身解数，渴望能够赢得皇帝的青睐。

然而，汉武帝稳稳端坐，脸色平静如水，对眼前的一群

第一章 后生可畏

美人似乎毫不动心。汉武帝的表现让平阳公主既无奈又失望，但她依旧保持着公主的优雅与从容，有条不紊地安排着接下来的节目。她轻轻挥了挥手，让那些美人退下，接着传唤府中的歌姬登场献艺，希望能为眼前略显沉闷的氛围增添几分欢快。

卫子夫就在这群歌姬之中。她身姿婀娜多姿，仿若随风摆动的柳枝，轻柔曼妙；双眼含情脉脉，恰似一汪清澈的秋水，顾盼之间风情万种。她举手投足之间流露出一种灵动态，散发出一种与生俱来的独特魅力。她轻启歌喉，歌声婉转悠扬，如同山中清澈甘甜的清泉，流淌在宴会的每一个角落，萦绕在众人的耳畔，令人陶醉其中；她翩翩起舞，仿佛林间自由飞舞的仙子，衣袂飘飘，舞步轻盈，舞姿优美，令人目不暇接，仿佛置身于梦幻仙境之中。

汉武帝被卫子夫深深地吸引住了，仿佛在这觥筹交错、人声鼎沸的宴会中，寻得了一抹最独特、最耀眼的亮色。他被卫子夫的优雅气质和优美舞姿所感染，不禁多饮了几杯美酒，在微醺的状态下离席更衣。

善于察言观色的平阳公主顿时心领神会，朝卫子夫微微点头，示意她去侍奉皇上。在这看似平常却又充满玄机的一刻,卫子夫的命运齿轮开始缓缓转动——汉武帝在更衣时宠幸了卫子夫。

宴会结束了,汉武帝对于平阳公主的盛情招待极为满意,心情无比愉悦。离开前,他特意赏赐平阳公主千金,以表达自己对姐姐这番精心安排的感激之情。平阳公主也顺势将卫子夫送入宫中,从此,卫子夫开启了一段充满未知与挑战的宫廷生活。

卫子夫启程入宫之前,平阳公主轻轻抚摸着她的后背,眼神中满是期许,语重心长地嘱托道:"入宫之后,你要好好努力,凭借自己的聪慧在后宫站稳脚跟。倘若日后富贵加身,千万不要忘了我今日的引荐之恩。"

然而,"一入宫门深似海,从此萧郎是路人",宫中的生活远非卫子夫想象的那般美好与顺利。后宫中佳丽如云,美女众多,卫子夫入宫后便如沧海一粟,渺小而又微不足道,很快就被日理万机的汉武帝遗忘了。

时光如白驹过隙,转眼到了第二年,汉武帝打算遣散一批在宫中无所事事、虚度光阴的宫女。卫子夫也在被遣散之列,她终于再次见到了汉武帝,此时的她满心都是委屈与无奈,泪水在眼眶里打转,如同梨花带雨般惹人怜爱。她缓缓

第一章 后生可畏

走到汉武帝面前，跪在地上，用颤抖的声音请求汉武帝放她出宫，回到那个虽然平凡却充满温暖的地方。

看着眼前这个柔弱无助的女子，汉武帝心中的怜爱之情油然而生。命运总是如此奇妙而又难以捉摸，与汉武帝的再次见面，让卫子夫重新得到了汉武帝的宠幸。

不久，卫子夫惊喜地发现自己有了身孕。这对于一直渴望拥有子嗣，期盼皇室血脉得以延续的汉武帝来说，无疑是个天大的喜讯，使他如同在黑暗中看到了一道曙光。从此，汉武帝对卫子夫的宠爱与日俱增。

在接下来的几年里，卫子夫先后诞下三个女儿，每个女儿的诞生都为宫中增添了一份别样的欢乐与温馨。元朔元年（前128年），卫子夫终于为汉武帝生下了第一位皇子。母凭子贵，卫子夫由此顺利登上了皇后的宝座，成为大汉后宫之主。

随着卫子夫成为皇后，卫氏家族的命运也发生了翻天覆地的变化。身为公主家奴，身份卑微、地位低下的卫家人，一夜之间成了高高在上、人人羡慕的皇亲国戚。

卫子夫的大姐卫君孺，被汉武帝亲自赐婚，嫁给了太仆公孙贺，从一个普普通通的侍女摇身一变成为尊贵无比的太仆夫人，实现了人生的巨大跨越。霍去病的母亲卫少儿与曲逆侯陈平的曾孙陈掌两情相悦、情投意合，汉武帝知道后，提拔陈掌为詹事府的詹事，使其身份、地位有了显著提升，成为朝中显贵。卫子夫的弟弟卫青，原本只是侯府中一个毫不起眼的骑奴，但他凭借自身的勤奋努力与过人天赋，被汉武帝任命为建章监，统领禁卫军，负责保卫宫廷的安全。

作为卫氏家族的一员，年幼的霍去病也在家族命运的巨大转折中，迎来了自己人生的新起点。

武帝赐名

建元三年（前138年），长安城中的未央宫依旧庄严肃穆。

由于连日操劳，汉武帝偶感风寒，在卫子夫的寝宫中静心调养。寝宫内十分安静，静得连一根针掉在地上的声音都能听见。香炉中袅袅升起檀香烟，为这份宁静增添了几分凝重。帷幔低垂，宫人往来穿梭，步履轻盈，说话声也压得很低，生怕弄出一丝声响惊扰了皇上。

第一章 后生可畏

这天,卫少儿精心打扮一番后,抱着尚在襁褓中的儿子,入宫探望妹妹卫子夫。姐妹俩许久未见,一见面便紧紧相拥,高兴万分。她们避开众人,来到宫殿的一处角落,低声交谈起来。卫少儿嘘寒问暖,言语间充满了对妹妹的关切,卫子夫也关切地询问着姐姐的近况。

交谈间,卫少儿不时轻轻拍着在熟睡中的孩子,默默祈祷孩子能一直安睡,不要在这个敏感时刻哭闹,惊扰了圣驾。然而她越怕什么越来什么,孩子突然惊醒,紧接着发出一阵响亮、刺耳的啼哭声。哭声打破了宫殿的宁静,在雄伟深邃的大殿内回荡,让所有人都为之一惊。

卫少儿不由得慌了神,脸上满是焦急与担忧之情。她急忙将孩子紧紧抱在怀中,一边用手轻轻抚摸着孩子的后背,一边轻声哄道:"乖孩子,莫要哭,莫要惊扰了陛下。"

可是孩子好像没听见一般,哭声愈发响亮,小脸涨得通红,两只小手在空中不停地挥舞着。卫少儿又急又怕,额头上渗出了细密的汗珠,她赶忙抱着孩子往宫外走去,想要尽快远离这个可能会给他们母子带来麻烦的地方。

熟睡中的汉武帝被这突如其来的婴儿啼哭声惊醒,惊出了一身冷汗。奇妙的是,冷汗冒出之后,汉武帝感觉身体一

给孩子读的中国先贤故事：霍去病

下子轻松了许多，原本昏昏沉沉的大脑也清醒了不少。他缓缓坐起身来，揉了揉太阳穴，心中满是疑惑。

卫子夫已经走过来了，汉武帝用略带沙哑的声音问道："刚才是哪家的孩子，哭声如此响亮？"

卫子夫不敢有丝毫隐瞒，小心翼翼地回道："陛下，是臣妾的姐姐卫少儿的孩子，她刚才进宫来看望臣妾。"

汉武帝心中产生了一丝好奇，饶有兴致地说道："哦？将孩子抱进来，让朕瞧瞧。"

卫子夫连忙让宫女去把卫少儿追回来。卫少儿得知皇上要见自己的孩子，心中忐忑不安，双腿微微发颤。她深吸了一口气，努力让自己镇定下来。她抱着孩子走到汉武帝面前，缓缓屈膝行礼，声音略带颤抖地说道："民妇卫少儿，拜见陛下。"

此时，孩子正用一双圆溜溜的大眼睛，好奇地打量着周围的一切。或许是感受到了周围的安静，他渐渐停止了哭闹。

看着孩子那副天真无邪的模样，汉武帝心中不禁涌起一股喜爱之情，脸上露出温和的笑容，轻声问道："这孩子叫什么名字？"

卫少儿恭敬地回答："回陛下，孩子尚未取名。孩子还未出生，他的父亲便决然抛弃了我们母子。陛下若怜惜他，恳请陛下为他赐名。"说话间，她眼中泛起了泪光。

汉武帝微微颔首，笑着说道："朕近日身体不适，头脑昏沉，没想到这孩子几声大哭，惊出朕一身冷汗，这病竟一下子好了许多。"

汉武帝目光温和地看着孩子，接着说道："朕给他取个名字，就叫'去病'，你们觉得如何？"

一旁的卫家姐妹听了，惊喜不已。卫少儿激动得眼眶泛红，再次行礼谢恩："陛下赐名，恩重如山，民妇感激不尽。"

卫少儿又低头看向怀中的孩子，轻声说道："陛下给你取名'去病'，你可开心呀？"

仿佛听懂了母亲的话一般，小小的霍去病竟"咯咯"地笑了起来。

这便是霍去病与汉武帝的初次相遇。"武帝赐名"事件，开启了霍去病与汉武帝之间一段奇妙的缘分，也为霍去病日后得到汉武帝的重用，统率千军万马出征边塞、纵横沙场，立下"饮马瀚海，封狼居胥"辉煌战功的传奇人生埋下了伏笔。

给孩子读的中国先贤故事：霍去病

少年壮志

因为沾了姨妈卫子夫的光，霍去病从小锦衣玉食、养尊处优，相比于年少时期又是当牧童，又是当骑奴的舅舅卫青，他要幸运得多。但是，他没有安于富贵，沉迷享乐。他为人性格深沉，不善言辞，但却胸有胆气，大有四方之志。

霍去病从小就很亲近舅舅卫青，卫青也因为相似的身世对霍去病疼爱有加，两人的关系亦父亦友。从懂事开始，霍去病一有时间就跟着卫青学习骑马射箭。

从大人们的一些谈话中，霍去病了解到大汉边境经常受到匈奴的侵扰，就连高祖刘邦也曾经被匈奴人围困在白登山，好不容易才死里逃生。这让霍去病对匈奴痛恨不已。他问舅舅："我们国家有这么多人，又有这样训练有素的军队，为什么还会受匈奴人欺负？"

卫青长长地叹了一口气，说："匈奴人和我们不一样，他们以游牧为生，既没有城郭，也不建造房屋，他们不会在一个地方长期居住，总是追寻水草旺盛的地方，随时迁徙。

第一章 后生可畏

但是，受限于这种特殊的生活方式，他们生产的东西品类非常单一，难以自给自足。而且，由于严重依赖水草，他们对自然灾害的防御能力很低，一旦有个水旱灾害，他们就完全丧失了生活的依靠。当物资匮乏的时候，他们就成群结队南下劫掠，靠抢夺为生。"

"想不到匈奴人这么不讲道理！"霍去病越听，眉头皱得越紧。

卫青继续说道："是啊，而且匈奴人很难对付，他们每个人从小就开始学习骑射，体魄也格外强悍，几乎人人都能上阵作战。为了抵抗匈奴入侵，前朝皇帝秦始皇还修建了长城。到了我朝，因为历经战争，国家初建，国力空虚，根本没有能力与匈奴对抗，只能忍辱负重、韬光养晦，对匈奴采取'和亲政策'。"

霍去病问道："什么叫和亲啊？"

"就是把公主嫁给单于，还得给很多财物，"卫青解释道，"现在，经过多年的休养生息，国富民强、政治安定、经济繁荣，军事力量也有所增强，并且建立了强大的骑兵部队。我看匈奴人的好日子快到头了。"

元光元年（前134年），匈奴派使者向武帝请求和亲，汉武帝下令让群臣商议对策。大行令王恢认为匈奴人不守盟约，出尔反尔，提议汉武帝出兵教训匈奴人。但是，以韩安国为代表的大臣们却主张继续和亲，汉武帝最终采纳了和亲的建议。兵战乃凶事，不可轻易发动。汉武帝虽然不甘屈居人下，但也不想逞匹夫之勇，他还在等待时机。

元光二年（前133年），王恢向汉武帝进献了一个围剿匈奴的计谋，再次把是战还是和的问题摆在了武帝面前。这个计谋是来自边邑的一个大商人聂壹提出来的，说他在马邑（今山西朔州）经常与匈奴人往来，可以以献城为由，引诱匈奴人深入城池，彼时汉军埋伏在外，将匈奴军队围困在内，再将其一举歼灭。

这个计谋一经提出，便在朝堂之上引起了轩然大波。主和派御史大夫韩安国等人强烈反对开战，他们认为匈奴兵强马壮，英明神武的高祖尚且无可奈何，而且一旦出兵，天下骚动，在胜负难料的情况下，应当以维护国家稳定为首要原则。主战派以王恢为代表，他表示汉朝与匈奴订立和亲之约，本是想以和亲换取和平，但是匈奴人反复无常，他们总是一边与汉朝和亲，一边又大肆劫掠汉民，一再违背盟约，汉朝应当坚决抵制这种丑恶行径，主动出战。

第一章 后生可畏

究竟是开战还是求和,大臣们唇枪舌剑,争论不休。汉武帝深知和亲不是长久之计,要想让汉朝百姓过上安宁的日子,就必须主动抗争。机不可失,时不再来,这一次他站在了主战派一边,下令调遣30万精兵,由护军将军韩安国、骁骑将军李广、轻车将军公孙贺率主力部队埋伏在马邑附近的山谷中。将屯将军王恢与材官将军李息率3万多人出代郡(今河北蔚县东北),从侧翼袭击匈奴的辎重并断其退路,一举全歼匈奴主力。这次著名的军事行动就是马邑之围。

元光二年(前133年)的一天,在练习射箭的间歇,卫青和他的好友公孙敖谈起这次汉军主动发起的对匈作战。在一旁的霍去病不自觉地放下了手中的箭,他对这个瓮中捉鳖的计谋很是感兴趣,忍不住插嘴道:"那这个计谋成功了没有?"

卫青摇摇头,说:"本来匈奴人已经中计,然而百密必一疏,当匈奴人走到离马邑不过百里的地方时,发现沿途有不少牲畜,但却看不到一个放牧的人。这时候,匈奴单于起了疑心,他们攻下一个边防小亭,俘获了雁门尉史。在匈奴人的威逼利诱之下,这个尉史把我们的计划和盘托出,一五一十地告诉了他们。匈奴单于知道后大惊失色，立马下令撤军逃离，我们的计划没能顺利施行。"

"咱们有30万大军，难道就这样眼睁睁地看着匈奴人跑掉吗？"霍去病有些不解地问道。

卫青苦笑了一下，说："因为事发突然，我们没有做好充分准备。原本王恢、李息所率3万兵力已经从代郡出发，准备袭击匈奴的辎重，但得知匈奴撤军的消息后，王恢以为自己所率兵力不足以对抗匈奴，便下令还军退守。而已经在城中设好埋伏的韩安国等人，因为不知详情，白白等了几天，等到他们决定改变计划主动出击的时候，匈奴人早已不见了踪影。"

原来兴致盎然的霍去病听到这样一个结果，顿时就泄了气。"唉，功亏一篑啊，可惜！可惜！"他忍不住跌足扼腕道。

卫青接着说："可不是嘛！由于兴师动众，折腾这么久却毫无所获，陛下十分生气。他认为王恢将军提议出战却临阵而逃，错过了大好机会，罪不可赦，就把王恢将军关进大牢。后来王恢将军托太后向陛下求情也难消陛下的怒气，只好自杀谢罪。"

第一章 后生可畏

"也难怪陛下生气,打仗这么胆小怎么行呢?如果我来带兵的话,一定要打得匈奴人屁滚尿流。"霍去病一脸自信地说。

卫青听了笑着说:"看不出来,你小小年纪志气倒不小啊。"

霍去病挺了挺胸脯,说:"那当然,我长大了就要去打匈奴,看他们还敢不敢欺负咱们大汉朝。"话音未落,只见他双手持弓,连发数矢,箭矢破空之声刺耳,每一箭都如同猛兽般穿向靶心。看到他的箭术在短时间内进步如此之大,卫青和公孙敖都赞叹不已。

汉武帝对马邑之围的失败耿耿于怀,但始终没有找到合适的机会进行反击。直到元光六年(前129年),匈奴又一次兴兵南下,汉武帝抓住机会,果断下令出击。霍去病的舅舅卫青作为青年将领中的佼佼者,被任命为车骑将军,与李广、公孙敖、公孙贺等将领,各率1万骑兵,兵分多路迎击匈奴。

一战下来,公孙贺无功而返,公孙敖损兵7000骑,"飞将军"李广被匈奴人俘虏,幸好他武功高强才成功脱逃。而第一次领兵出征的卫青则交出了一份亮眼的成绩单:直捣匈奴龙城圣地，斩杀匈奴700人。汉武帝不禁对这位年轻的小舅子刮目相看，当即下诏封他为关内侯。

胜利的消息传来时，霍去病忍不住欢呼雀跃："舅舅打了大胜仗，真是太好啦！"在他心目中，卫青的形象愈加威武，而卫青攻破龙城的壮举，更是让他倾慕不已，恨不得能马上长大，跟着舅父驰骋大漠，立马扬刀，扬威异域。

卫青这次对匈奴作战的胜利，也让朝野上下十分振奋。虽然这场战斗规模不大，但它的意义却非常重大，因为这是汉王朝建立以来第一次对匈奴作战的胜利，受其鼓舞，汉军一扫对匈奴的畏惧心理，雄才大略的汉武帝则抓住机会，接连发起大规模抗击匈奴的战役。

战功彪炳的卫青，顺理成章地得到汉武帝的重用。在随后的战役中，卫青一再展示出自己的卓越实力：在攻破龙城的第二年，他在雁门郡（今山西右玉县南）反击匈奴大获全胜；第三年，他在河南（今黄河河套南内蒙古伊克昭盟一带）之战中活捉匈奴数千人，夺取牲畜数百万之多，控制了河套地区，这次战役汉军全甲而归，大获全胜，卫青因此被汉武帝封为长平侯。

随后，汉武帝下令在河套地区修筑朔方和五原二郡（治

第一章 后生可畏

所分别在今内蒙古杭锦旗北什拉召一带和内蒙古包头市九原区麻池镇西北），又从内地迁了10万人到这两个地方定居，并且修复了秦朝时蒙恬所筑的边塞和沿河的防御工事。这样一来，匈奴对长安的直接威胁被解除了，汉王朝还建立起了进一步反击匈奴的前方基地。

这几次战役虽然都取得了不小的胜利，但是并未从根本上动摇匈奴的力量，他们一如既往地南下劫掠，甚至接连杀死汉朝的郡守都尉。当然，汉朝抗击匈奴的决心是十分坚定的，汉武帝开始派出大量兵力直捣匈奴老巢。但要从根本上解决问题，大汉仍然需要耐心等待乌云中的一道闪电……

藏器待时

汉武帝喜欢狩猎，霍去病作为皇亲，常有机会同行。

有一次狩猎时，汉武帝一箭射中了一头黑色长毛的野猪，野猪负伤后夺路狂奔，汉武帝在后面穷追不舍。霍去病看见汉武帝追赶野猪，担心出现意外，连忙策马紧随在后。

他们翻过几道坡，越过几条溪流后，野猪逃进了一片灌木丛中。汉武帝正四处张望,搜寻野猪的踪迹。突然,野猪张着大嘴,龇着獠牙,身上鬃毛倒竖,号叫着向汉武帝扑了过去。霍去病赶忙冲上前去,大声叫道:"陛下,小心!"

汉武帝拍马躲过了野猪的攻击。说时迟,那时快,霍去病挥起林槊,猛地向野猪刺去,正中野猪的脖子。

霍去病下马,快步走到武帝面前,单膝跪下说道:"让陛下受惊了。"

汉武帝笑着说:"快快平身!想不到你小小年纪,身手如此不凡,颇有几分你舅舅的风采。"

霍去病虽然热衷于谈论兵家之事,但他和很多传统的将领不一样,打仗并不死守兵书。在一次巡视军演的过程当中,汉武帝一时兴起,想要亲自教导霍去病孙子和吴起的兵法,霍去病却不以为然地说:"过去秦、赵两国交战,赵将赵括自幼熟读兵书,对兵法倒背如流,在军事理论上,连他的父亲也难不倒他。可赵括没有实战经验,只会纸上谈兵,结果中了秦将白起的计谋,导致赵军大败,40万人被坑杀。可见只知兵法而不会变通也是不行的。战场形势瞬息万变,要根据不同的情况实施不同的谋略,我认为没有必要亦步亦趋地学习兵法。"

汉武帝听了不仅没有生气，反而心生快慰。看着眼前这个意气风发的少年，汉武帝陷入了深思。抗击匈奴，并不是简单的一声令下发兵出击。为了平定匈奴，他已经做了长足的准备。

在以往对战匈奴的过程当中，汉军很难得利，甚至常常处于被动挨打的局面，原因就在于传统步兵运作迟缓，而战车在广袤且复杂的地形中更显笨重。要扭转局势，就必须改变作战方式。汉武帝总结过去的经验教训，开始大力发展骑兵。

汉朝初年，因为缺少马匹，天子乘车都不能凑齐清一色的4匹马，将军和宰相甚至只有牛车可坐。为了改变这种窘境，朝廷开始积极推广养马业。汉武帝即位之后，更是实施惠民政策，鼓励民间养马——百姓养马交给国家可以免除赋税。此外，汉武帝还热衷于寻找千里马、良种马，并大量养殖，以改善军马的质量。经过一番努力，汉军的马匹数量大大增加，据统计，官办的三十六苑保有的马匹数量已经达到40万匹之多。按照一个骑兵配备3匹战马的标准，汉武帝已经可以建立起一支由10万至15万骑兵组成的强大军队。

在大量养殖良马的同时，汉武帝积极扩建骑兵队伍。他主动学习匈奴的技术和战术，花重金雇佣擅长骑射的匈奴人做教官，有组织地开展规范化的军事训练，让士兵快速掌握各种战斗技能。他还颁布严明的军法，规范士兵的行为，对有功之人给予重赏，对败军败将则施以重罚。而且，汉武帝用人从不拘泥成法，他大胆起用勇猛之士，委以重任，通过封侯鼓励汉军将士上阵杀敌。

而汉武帝之所以热衷狩猎，除了是个人爱好之外，其实也是在有意识地进行军事方面的训练。他在皇家禁苑内饲养了很多马匹，经常和青年军官一起练习骑射，研究骑兵战术。他还经常召集善于骑射的贵族子弟参加狩猎，在上林苑进行训练，对他们进行重点培养，霍去病当然也在其列。

在霍去病不断成长的同时，匈奴内部也出现了一些变动。元朔三年（前126年），匈奴军臣单于去世，匈奴王庭内部发生内讧，军臣单于的弟弟左谷蠡王伊稚斜击败太子於单，夺取了单于之位。於单一气之下投降了汉朝，被封为涉安侯，但几个月之后便去世了。

伊稚斜通过篡位登上单于宝座后，为了安定内部树立自己的威望，多次出兵侵汉，想要借此来消除内部矛盾，转移人民的注意力。元朔三年（前126年）夏秋两季，匈奴接连入侵代郡、雁门两地，杀掠官吏及上千民众。元朔四年（前125年）初秋，伊稚斜单于下令兵分三路，每路各3万余骑，分别进袭上郡（今陕西绥德东西）、代郡（今河北蔚县东北）、定襄（今内蒙古和林格尔西北），杀掠汉朝百姓上千人。同时，右贤王也以汉王朝攻略其"河南地"为由，集结10多万人（号称20万），合围朔方城，企图重新抢回河南地。他派人烧毁了朔方守军的露天粮草仓库，并挖断了通往城里的水源。新筑的朔方城危在旦夕。

第二年春天，也就是元朔五年（前124年），汉武帝在未央宫前殿点将出征，以车骑将军卫青为将，苏建、李沮、公孙贺、李蔡等人为副将，共统领3万精骑，从高阙出兵，打击匈奴右贤王。

这一年霍去病才17岁，他听说要发兵攻打匈奴，也摩拳擦掌、跃跃欲试，想要参加战斗。他跑去征求舅舅卫青的意见，请求道："舅舅，我也想跟着您去打匈奴。"

卫青知道外甥素有大志，但毕竟年龄还小，便劝他说："你的心思，舅舅知道，但是现在说这个还为时尚早，等你成年以后再说吧。"

"我等不及了，您不是说过，开疆拓土，沙场杀敌，才是大汉的铁骨男儿。您就带上我吧。"霍去病从来不认为年龄是个问题，继续软磨硬泡。

但卫青摇摇头，没有答应。战争不是小孩子玩过家家，战场上刀箭可不长眼，是要流血牺牲的，况且沙漠环境恶劣，还有迷失道路的可能，他怎能让外甥冒这么大的风险呢。

在卫青那里碰壁后，心有不甘的霍去病又去找汉武帝说情。汉武帝知道霍去病是个难得的将才，正打算重点培养他，但他也没有答应霍去病的请求。看着着急的霍去病，他说："年轻人勇于出头报效国家是好事，但按照规定，男子未满15岁不得加入行伍服役，未满18岁不得上阵杀敌，并非朕不准许你参战，而是我们都得守规矩。一切等你年满18岁再议。"

霍去病低着头，一副闷闷不乐的样子。

汉武帝见了，笑着安慰他说："打击匈奴非一日之功，这是一个长期战，你还怕没有上战场的机会吗？欲速则不达，眼下对你来说，最重要的是练好本领，否则一切都无从谈起。"

"君子藏器于身，待时而动。"霍去病的时机马上就要到来了。

第一章 后生可畏

白登之围

汉初建国时,匈奴的势力也发展到了顶峰。在当时的首领冒顿单于的带领之下,匈奴东破东胡,西征月氏,草原上的其他部族也相继被其吞并。凭借优良的战马和精湛的骑术,他们在广袤的草原上纵横称霸。汉高祖六年(前201年)秋天,被派去驻守马邑、抵御匈奴的韩王信,竟弃城倒戈。次年冬天,汉高祖亲自率兵出征,并且接连胜利。后来匈奴人把壮士、肥壮牛马都藏了起来,仅仅出示老弱残卒,通过佯装败走来引诱汉军深入。奉命前去侦查匈奴虚实的刘敬还报敌情,劝诫高祖不可贸然轻进。然而此时20万大军已经越过句注山,汉高祖并未采纳刘敬的建议,率领轻骑先到平城,但后续步兵还没有到,结果被冒顿率40万精锐骑兵团团围住,困在平城的白登山七天七夜。汉高祖用陈平之计,厚赂单于阏氏才得以脱困。此战之后,汉朝与匈奴订立和亲之约,以韬光养晦,谋长远之计。

蹴鞠

蹴鞠,读作 cù jū,又名"蹋鞠""蹴球"等。"蹴"即用脚踢,"鞠"系皮制的球,"蹴鞠"就是用脚踢球,有直接对抗、间接对抗和白打三种形式。进行直接对抗比赛时,设鞠城即球场,周围有短墙。比赛双方都有像座小房子似的球门;场上队员双方各12名,双方进行身体直接接触的对抗,踢鞠入对方球门多者胜。进行间接对抗比赛时中间隔着球门,球门中间有两尺多的"风流眼",双方各在一侧,在球不落地的情况下,能使之穿过风流眼多者胜。白打则主要是比赛花样和技巧。蹴鞠是中国一项古老的体育运动,具有悠久的历史和文化价值。它起源于春秋战国时期的齐国故都临淄,对现代足球的产生具有重要的影响。在唐代,中国蹴鞠向东传播到朝鲜和日本,向西传播到欧洲,在英国发展为现代意义上的足球。2004年7月15日,在第三届中国国际足球博览会的新闻发布会上,国际足联和亚足联公开宣布,中国是足球运动的发源地,世界足球起源于中国山东淄博临淄地区的蹴鞠。2006年5月20日,蹴鞠经国务院批准被列入第一批国家级非物质文化遗产代表性项目名录。

万里长城

长城修筑的历史可上溯到公元前9世纪的西周时期,周王朝为了防御北方游牧民族猃狁的袭击,曾筑连续排列的城堡"列城"以作防御。到了春秋战国时期,诸侯根据各自的防守需要,在自己的边境上修筑起长城。秦始皇统一六国后,为了防御北方强大的匈奴的侵扰,在原来燕、赵、秦部分北方长城的基础之上,又增筑扩修了很多,"西起临洮,东止辽东,蜿蜒一万余里",从此便有了万里长城的称号。自秦始皇以后,几乎历代都要修筑长城,其中以秦、汉、明三个朝代的长城规模最大。它是中国也是世界上修建时间最长、工程量最大的一项古代防御工程。自公元前七八世纪开始,延续不断修筑了 2000 多年,分布于中国北部和中部的广大土地上,总计长度达 50000 多千米,被称为"上下两千多年,纵横十万余里"。如此浩大的工程不仅在中国,就是在世界上也是绝无仅有的,因而它在几百年前就与罗马斗兽场、比萨斜塔等被列为中古世界七大奇迹之一。

第二章

一战封侯

舅舅卫青不断立下战功，霍去病献身疆场的热血与宏愿也日夜激荡着。18岁那年，他迫不及待地争取到上战场的机会，被汉武帝任命为嫖姚校尉，统率800精骑。他初生牛犊不怕虎，轻装简从、长途奔袭，直往匈奴腹地挺进，取得了不错的战果，一战封侯。汉王朝最耀眼的一代名将就此横空出世。

嫖姚校尉

因为年龄的问题,在元朔五年(前 124 年)春的高阙奇袭战中,霍去病仍然只能作为一个旁观者,眼睁睁地看着舅舅卫青率领大军进击北境。

这一战,卫青再次凯旋,俘获匈奴右贤王的小王 10 多人、民众 1.5 万余人、牲畜数百万头,几乎将右贤王部一网打尽。卫青的军事才能也在此战中发挥得淋漓尽致。汉武帝收到战报后,龙颜大悦,不等卫青率部归来,当即派特使捧着印信,赶到边塞,拜卫青为大将军,统领全军,加封食邑 6000 户(汉书为 8700 户)。其部将有 10 人被封侯,就连卫青 3 个年幼的儿子(包括尚在襁褓中的婴儿)也被封为列侯。

当卫青班师还朝时,武帝又下旨让公卿以下官员在卫青马前行拜谒之礼,同时亲赐卫青御酒三杯。长安百姓都以亲眼见到大将军的丰仪为荣。此时距离卫青初踏征程,只有短短 5 年的时间，他已成为将军中的将军。

霍去病看到舅舅如此勇武、如此荣光，心中更加钦慕。他希望自己也能亲临战场，杀敌建功。

实际上，这也是卫青军旅生涯的巅峰时期，因为很快霍去病便将脱颖而出，以赫赫战功将卫青的光芒掩盖住。

卫青率领汉军夜袭右贤王大营，导致匈奴损失惨重，伊稚斜单于本来急于建功立威，没想到反而被汉军打上门来，这让他羞恼万分，于是悍然出兵，杀死代郡都尉朱英，劫掠千余人而去。

匈奴一再南下杀掠吏民，汉武帝自然也不会善罢甘休。第二年春天，他调集 10 万大军，任命卫青统领六将，北上抗击匈奴。汉匈漠南之战的帷幕由此拉开。

卫青受命出征，带领公孙敖、公孙贺、赵信、苏建、李广及李沮等六名大将，兵分六路，寻歼匈奴主力。他们从定襄出发，北进数百里便与伊稚斜单于率领的 5 万人马相遇，对方排列布阵，似是有备而来。由于敌人以逸待劳，占了上风，汉军最终只杀获匈奴数千人，怏怏而归。

原本计划速战速决，未曾料想出师不利。汉军携带的粮草不多，在不明敌情的情况下，卫青也不敢贸然深入大漠展

第二章 一战封侯

开追击，只好暂且率领大军返回定襄休整，等待时机再战。

这一年是元朔六年（前123年），霍去病18岁，他英姿勃发，献身疆场的宏愿日夜激荡，杀敌报国的热血汹涌澎湃，他焦急地等待着汉武帝兑现承诺。卫青出兵之际，他曾主动请缨，请求汉武帝准许他与舅舅一同出战。但汉武帝坚持认为，离他真正年满18岁还差两个月，并没有同意。

霍去病失意而归，心急如焚的他日夜关注着前线的动态，热切地盼望卫青能够再次凯旋。

这天，和往常一样，他正跟随汉武帝左右，听他分析汉匈之间的战事。说话间，卫青退守定襄、听候指示的消息传来，汉武帝了解战况后，眉头紧皱。如此兴师动众，战果却不尽如人意，他不甘心，如若错过战机，又得等到来年春天。他对信使说道："传朕旨意，原班人马稍作休整，伺机再战，一定要重创匈奴。"

在一旁的霍去病早已按捺不住，他单膝下跪，双手抱拳，两颊通红，说："恳请陛下准许微臣随军出战！"铁血男儿，语出铿锵。看着眼前的这个少年：丰神飘洒，器宇轩昂，勇武多谋，汉武帝明白，霍去病是值得信赖的。他当即下旨，任命霍去病为嫖姚校尉，随从大将军抗击匈奴，并分拨800

精锐骑兵听其调遣。

"嫖姚校尉",是汉武帝为霍去病独创的名号;"嫖"意为轻捷,"姚"意为美好,其间蕴含着汉武帝对霍去病的赞赏与期望。霍去病心里自然也明白,他从来没有上过战场,本来只能当个普通士兵,但汉武帝却如此信任他,不仅给他创立独特的名号,还让他独立指挥800精骑,他必须有所建树才行,否则既对不起汉武帝的厚望,也会让别人看轻。

轻骑绝尘

茫茫戈壁,漫漫黄沙,遮掩不住霍去病眉宇间的少年豪气。初次出征匈奴的他,满腔激情、意气风发。

数日后,霍去病率部进抵定襄。薄暮时分,卫青召集将领们开会,决定一路向北,寻找战机。他对此次行动做出了安排:"这次我们兵分三路,分别侦察匈奴人的踪迹,前将军赵信、右将军苏建合兵一处,共三千余骑,为右路;上谷太守郝贤率所部兵马,为左路;其余各将随我向匈奴腹地纵深前进,为中路。张骞熟悉大漠地形,负责中路军的向导工

第二章 一战封侯

作。如果遇到匈奴小股骑兵,就直接将其歼灭;如果遇到匈奴主力,则其余两路迅速驰援,共同对敌。"

众将一一领命。霍去病一脸期待地看着卫青,但过了好一会儿,仍不见卫青对自己有什么安排,他有些急了,问道:"大将军,那我呢?我走哪一路?"

"不用急,我要交给你一项重要的任务,这次你就担任'壮士',负责大军的警卫工作。"卫青看着霍去病焦急的模样,不由得笑了。

这显然是卫青对霍去病的特别关照,虽然汉武帝同意让霍去病跟随他出征,但他还是不希望霍去病直接上阵对敌,以免出现什么意外。

负责警卫工作,自然就不能直接与匈奴人战斗了。霍去病哪里会愿意呢,他好不容易等到了上战场的机会,不亲自会一会匈奴人怎么行?他对卫青说:"我也想上阵杀敌,我学习骑射这么多年,不就是为了这一天吗?"

卫青拍了拍霍去病的肩膀,说:"我知道你很想杀敌立功,但你刚到定襄,人马劳顿,急着上战场恐怕吃不消,匈奴人倒是以逸待劳,这样你会吃亏的。"

"可我一点儿也不觉得累啊。"

卫青仍然不答应,说:"打仗靠的是士兵,你要懂得体恤部下。你就跟着大军先熟悉一下战场形势,看看其他将军是怎么打仗的。"

"我是来打仗的,又不是来看热闹的。"霍去病有些不高兴了。

卫青知道霍去病的想法,这么多年这个外甥跟随他骑马射箭、不畏艰苦,等的就是这一天,但他毕竟才18岁,自己还是不忍心让他上阵。"战争可不是闹着玩的,是要死人的,你是头一回上战场,岂能莽撞行事!这事就这么定了,不必再说。"他的语气十分严厉,说罢便策马扬鞭,率军上阵,又专门下令让一个士兵跟随霍去病,不许他擅自行动。

霍去病知道无法说动舅舅,但心里已经悄悄下定了决心。跟随大军出发后,他趁人不注意,偷偷带着手下的800名精锐骑兵脱离了大部队。其中一个部下担心地问道:"校尉,我们受陛下之命随同大将军作战,这样擅自离队是否不妥?"

霍去病却说:"将在外,君命有所不受。战场形势瞬息万变,战机稍纵即逝,必须临机应变,岂能一味盲从?"

就这样,在远离大军且没有后援的情况下,霍去病凭着一腔热情和血气之勇,率部直接向匈奴腹地挺进。

第二章 一战封侯

按照部署,卫青自率大军,寻找匈奴主力决战。此时的他,身经百战,已是百炼成钢,汉武帝对他委以重任,命他歼灭匈奴主力,他毫无畏怯之意。去病虽然从小跟在自己身边习武射箭,志向心魄也非同寻常,但他毕竟是第一次出战,刀剑无情,叫他当舅舅的怎能不担心呢?卫青向来行事稳重,他下令让霍去病当警卫就是为了以防不测,另外又叫人密切关注外甥的动向,随时汇报其行踪。

然而,当他即将抵进匈奴本部时,部下拍马急报说霍去病已经离开大部队,具体行踪无人知晓。对面,伊稚斜单于已经率军严阵以待,卫青纵然心急如焚,此时也顾不了那么多了。他一马当先,率领汉军奋勇突进,杀入敌阵。他越杀越勇,想要尽快结束战斗,确定霍去病是否安然无恙。受其鼓舞,汉军将士人人奋勇,个个争先。

战斗结束后,各路人马陆续返回大本营。卫青为霍去病脱离大军擅自行动暗自捏了一把汗,汉朝军法严明,干扰行列、行军逗留、逃亡畏懦都是要处以斩刑的,霍去病若因为擅自离队而造成军力损伤,必将受到严厉惩罚。另一方面,他又为霍去病迟迟没有音信而担心不已,去病与自己有着相似的命运,从小随从自己左右,万一他有个三长两短,自己该如何自处？又该如何向陛下和姐姐卫少儿交待呢？

匈奴军败而逃，汉军将士开始清点人马，汇报战况。卫青凝神而听，此次共杀敌一万余人，而汉军也损伤不少。看着冲锋陷阵、视死如归的将士们，卫青感慨良多，同时在人群当中不住地搜寻着霍去病的身影，焦急地等待着他的音信……

功冠三军

霍去病初次出征就离开大部，独自领兵行动，还真是初生牛犊不怕虎。众所周知，孤军深入乃兵家大忌，万一落入敌人的包围圈，很有可能会全军覆没。但这就是霍去病的作战方式，他率领800精骑独立作战，就是要以迅雷不及掩耳之势，打一个漂亮的突袭。

离开大军之后，霍去病率领800精骑绕过山谷，抵进匈奴营寨附近。此时，牛羊皆已入圈，营帐里灯火通明，不时传来欢快的乐舞声。果然不出所料，匈奴人没有丝毫戒备，战马随意啃食地上的青草，一派闲散的模样。根据匈奴人营帐和牛羊的数量，随从的军士判断，这个部族应有万人以上。听到这个消息，有人担心地说："我们只有800人，能打得过他们吗？不如趁夜色掩护赶紧回归大军，以免发生不测。"不少人也纷纷附和。

霍去病耐心地分析道："咱们以往都是大兵团出击，数万人马，浩浩荡荡，协同作战，固然具有威力，但是也有风险和不便之处。上次大将军率领10万人马朝匈奴本部攻去，行军未至，敌人早已布好阵势。被动攻势之下，我军只歼灭匈奴军队数千人，只能退守定襄再做打算。可见人马过多，难免打草惊蛇。我们人数虽少，但都经过严格的训练，完全可以以一当十。而且，匈奴人逐水草而居，散居山谷各处，彼此之间疏于联络，大将军攻打匈奴本部之时，我们正好可以从旁突袭，打他们一个措手不及。"

说话之间，霍去病寻得一安全之处，下令让将士们吃饱喝足，给马匹喂足草料，养精蓄锐，等到深夜匈奴人熟睡之时，再发起突袭。

二更时分，在夜色的映衬下，匈奴营寨一片寂静。时机已到，霍去病挥舞林槊，号令800壮骑，齐攻匈奴营寨。霎时，800骑兵如猛虎下山，飞速出击。

匈奴人从沉沉的睡梦之中惊醒过来，惊慌失措，四处奔逃。面对突如其来的袭击，匈奴军士们只能硬着头皮仓促应战。一时之间，马蹄相碰、短刀相接、呻吟哭喊之声接连响起，在黑夜中显得尤为刺耳。

混战之际，霍去病发现从匈奴大帐中跑出来几个人，他们探头探脑，正在寻找机会逃跑。他连忙挽弓搭箭，正所谓弯弓如满月，箭去似流星，数箭连发，个个倒地。他随即冲进营帐之中，只见一人身穿貂裘，头戴锦帽，拔出腰刀准备应战。霍去病毫不怯战，他手握林檗，用力一挥，刺入敌人胸口，那人顿时一命呜呼。见此情景，有两个匈奴人齐头并上，一人手持马鞭向霍去病头上劈来，一人拿着长刀砍向霍去病腰间。霍去病侧身一闪，用林檗打掉那人手里的长刀，纵身一跃将手握马鞭的人踢倒在地，一套动作，如行云流水般飘逸潇洒。丢掉了兵器的两人，要战已无法再战，要逃已无路可逃，只好跪倒在地，连声告饶。霍去病下令："抓住他们！"汉军一拥而上，将他们绑了起来。

经过审问，原来这两人一个是伊稚斜单于的叔父罗姑比，一个是匈奴的相国。而那个被霍去病杀死的人来头也不小，是伊稚斜单于的祖父辈人物籍若侯产，在匈奴中威望颇高。

第二章 一战封侯

霍去病扫视了一下战场，发现匈奴人正四散溃逃，也还有一些在负隅顽抗。他厉声喝道："听好了，所有人立刻放下武器！你们的籍若侯已经死了，头领罗姑比和相国也被俘虏，若继续抵抗，杀无赦！"

匈奴人一时迟疑不定，不知消息真假。霍去病下令将罗姑比和相国推到前面，匈奴人见了，这才放弃抵抗，扔下了手中的弯刀。汉军立刻围了上去，战斗就此结束。

首战告捷，霍去病和随从的800精骑都十分兴奋。他们拍马急还，向大将军汇报战况。

另一边，部下继续向卫青汇报具体的战斗情况：左将军公孙贺斩杀2000多人，后将军李广掳杀几百个匈奴兵，强弩将军李沮擒杀3000多人。中将军公孙敖没有找到匈奴人。右将军苏建与前将军赵信所部遭遇了单于主力，苦战一天多，3000兵力伤亡殆尽。赵信被匈奴人诱降，率领手下约800名士兵投降了匈奴。苏建所部全军覆灭，只有苏建一人独自生还。

卫青双眉紧锁，虽然这次战役杀获匈奴一万余人，但却损失了两军人马，还丢失了一员大将。而且，初次出征的霍去病擅自离队，此时仍生死未明，他心急如焚。

看见大将军听到汇报后迟迟不语,全军肃然无声。破晓时分,一队人马黑压压地疾驰而来,烟尘滚滚,难辨其详。马蹄声越来越近,"霜"字战旗飞舞在前,铁甲红袍的少年手握林槊,战马上首级累累。霍去病回来了,率领他的800精骑凯旋而归。

他翻身下马,详细禀报自己的行军路线和战斗成果,主动为擅自行动向大将军请罪。看到外甥安然无恙,卫青悬着的心终于落了下来。眼前的霍去病,勇武自信,神采飞扬,初次出征便全甲而归,虽然擅自行动却于军无损,而且战果颇丰,显然已经是一个可以独当一面的大人了。卫青为霍去病感到骄傲,他并不急于责备这个嫖姚校尉,而是即刻整饬军队,下令回朝。至于如何处置擅自离队的霍去病和丧军而还的右将军苏建,他决定听候汉武帝裁夺。

大军未还,胜利的消息已经传到了长安。武帝对此次的战果不是很满意,卫青所率大军虽然杀获匈奴万余人,但是损失也十分惨重,加上原来降汉的匈奴人赵信又再次倒戈,给平定匈奴留下了祸患。他仅赐予大将军卫青千金,把右将军苏建贬为平民。

至于霍去病,他初次奉命征伐,却能全甲而归。虽然擅自离队有违军法，但他却能出其不意、攻其不备。可见其胆略武功非同寻常，不能以一般军法论处。非常之人，谋非常之功，自然当得上非常之嘉奖。汉武帝即刻下令行赏："嫖姚校尉捕获匈奴首领，扬大汉之威武，摄敌人之心魄。战功卓著，封为冠军侯，取其功冠三军之义，封邑一千六百户！"

首次出征大胜而归，年仅18岁一战封侯。在汉匈对峙、胶着难下之际，霍去病横空出世，注定要在这风云际会的历史时刻留下浓墨重彩的一笔。

将在外,君命有所不受

此语最早出自《孙子兵法》,该书的作者孙武本人也做过"君命有所不受"的事情。孙武本是齐国人,为躲避齐国内乱,他带着自己撰写的兵书南下,把它敬献给吴王阖闾。吴王阖闾看了这部兵书之后,便想让孙武亲自操兵演练,并且要求他带领宫女进行军事训练。孙武将吴王分派给他的 180 名宫女分为两队,并让吴王的两名宠姬担任两队队长。排阵布列后,孙武下达军令,然而宫女们并未按照军令行动，反而捧腹大笑。孙武又三令五申，情形还是照旧。孙武决定根据兵法斩杀两位队长。吴王见孙武要杀掉自己的爱姬，马上派人传命请孙武赦免她们。孙武毫不留情地说："臣既然受命为将，将在军中，君命有所不受。"并执意杀掉了两位队长。之后，当孙武再次击鼓发令时，众宫女全都合乎规矩，阵形十分齐整。阖闾失去爱姬，心中不快。孙武对阖闾说："令行禁止，赏罚分明，这是兵家的常法，为将治军的通则。对士卒一定要威严，只有这样，他们才会听从号令，打仗才能克敌制胜。"听了孙武的解释，吴王阖闾怒气消散，拜孙武为将军。在孙武的训练下，吴军的军事素质有了明显提高，吴国最终成为春秋五霸之一。世人尊称孙武为"百代兵家之师""武圣"。

槊

槊是中国古代的冷兵器，属"十八般武器"之一，其外形相对简洁，由槊柄及槊锋两部分组成。它是重装骑兵的常备兵器，由矛发展而来，我国古代典籍《释名》

记载说:"䂎,矛长丈八尺曰䂎,马上所持,言其䂎䂎便杀也。"这里的䂎,就是槊,意思是说槊的长度有所定制,骑兵所用的丈八长矛才称为槊。槊与矛一样,都是刃体八面,形制似剑,但是与矛相比,槊锋更长,可达 50~60CM,也更尖锐,可以穿破铠甲,杀伤力强。另外,在槊锋与槊柄连接处有一圈凸起,称为"留情结",防止冲锋时贯穿敌人无法拔出,与"红缨枪"的红缨作用类似。在历史上,有大量使槊的高手猛将,如程咬金、秦琼、尉迟恭、单雄信等人。传说尉迟恭不但使得一手好槊,更擅长避开敌人的马槊,甚至夺槊还刺。有传他曾与同为马槊高手的唐高祖第四子齐王李元吉比试,却轻易取胜,更数度夺下李元吉手中的马槊。苏轼《前赤壁赋》诗云:"酾酒临江,横槊赋诗,固一世之雄也。"寥寥数语勾勒出了手握长槊的曹操的威武霸气。

冠军侯

霍去病年仅 18 岁,首次初征便大破匈奴,全甲而归,

第二章 一战封侯

武帝为了嘉奖他，封他为冠军侯，取"冠绝三军"之意。另外，还专门把当时的庐阳乡和临駣聚两地设置成冠军县，作为他的封地。在霍去病之后，历史上只有5个人获得过冠军侯封号，其中两位是由于霍去病的功勋得到荫庇，乃霍去病的儿子霍嬗和孙子霍云。真正靠军功获封冠军侯的是东汉开国名将贾复，因为他立国有功，汉光武帝刘秀即位后，便封他为冠军侯。贾复出生于南阳冠军县，这也是他被封为冠军侯的一个重要原因。汉和帝时期的名将窦宪也是冠军侯。窦宪出身外戚，他的妹妹是汉章帝的皇后。汉和帝即位之后，他因罪下狱，后请求出兵征讨北匈奴，以赎死罪。他统率汉军，大破北匈奴于稽落山和金微山，又逐北单于，迫其西迁。论军功，窦宪几乎可以和霍去病并列，其"燕然勒石"与霍去病"封狼居胥"同为伟大创举。但他为人骄横恣肆，权倾朝野而不知收敛，后因其部下谋逆弑君案发，被汉和帝收回大将军印绶，更为冠军侯，遣返封地，命其自杀谢罪。还有一位是汉灵帝时期的宦官王甫，他因私人恩怨诬告渤海王刘悝谋反，汉灵帝反以为他告密有功，封他为冠军侯。在霍去病之后的冠军侯中,鲜有人能因军功与之匹敌,反因个人缺陷使这一称号蒙污,此后很长一段时间便再无冠军侯。到魏晋南北朝、唐朝,又设有冠军将军、冠军大将军之职。

第三章

河西之战

为了夺取河西走廊，打破匈奴对这一地区的控制，年仅20岁的霍去病被任命为骠骑将军，在元狩二年（前121年）春、夏两次率兵攻打占据河西的浑邪王、休屠王部。这是他首次带领大军团出征作战，千里大漠，成了他的舞台。他采用骑兵突袭战术，率领大军一路高歌猛进，势如破竹，在祁连山下击败浑邪王、休屠王，还俘虏了浑邪王的王子和官员。在他的奇袭突击之下，匈奴的战略优势丧失殆尽。

转战焉支

在定襄之战中，前将军赵信投降了匈奴。其实，赵信原本就是匈奴的一个小部落首领，投降汉朝后，被汉武帝封为翕侯。因为熟悉匈奴的战法以及相关军情，他曾经给汉军提供了很大的帮助。而他在大汉数年，对大汉的地貌地形、风土人情，以及大汉的军备情况和战略战术也十分熟悉。匈奴伊稚斜单于深知赵信的价值，于是极力拉拢他，不仅封他为自次王，还将自己的妹妹嫁给他。

赵信原本就是匈奴人，投降匈奴对他来说也没有什么心理负担，加上伊稚斜单于厚待他，所以他尽心竭力地为伊稚斜单于出谋划策。他说："如今汉军越发强大，不宜跟他们硬碰硬。不如远徙漠北，保存实力。这样一来，汉军若要与我们决战，就需要跨过南北宽480公里、东西绵延1600多公里的大漠戈壁。路途遥远，沙石遍布，水源稀少，无须我们动手，光是残酷的自然环境就可以将汉军拖垮，让他们的战斗力大大降低。而我们正好可以以逸待劳，乘汉军疲困攻打他们，达到不战而胜的效果。"

伊稚斜单于闻言大喜："你这个计策甚妙！"接着他又吩咐侍卫："传令下去，马上收拾行囊，我们明日就动身迁往漠北。"

赵信为伊稚斜单于谋划的这个策略，以退为进，表面上似乎很高明，实际上却导致匈奴的军力被分散，他们本来就是散居各处，北迁之后与西部的其他部落又相距更远，这样一来根本不便于集中兵力对抗汉军。

而汉朝这边，也由于连年用兵，使文、景二帝留下的庞大财力几乎耗尽。定襄之战结束后，国库空虚，难以继续支持耗资巨大的战争，汉武帝于元朔六年（前123年），下诏设立武功爵，允许百姓出钱买爵或以钱免除禁锢，也可以交钱免除盗财贪赃之罪，以此筹集军费。同时又诏令全国，暂时息兵罢战，以一年为期，操练士卒，养精蓄锐之后再北上消灭匈奴。

元狩元年（前122年）四月，武帝下诏立7岁的皇长子刘据为太子，大赦天下，普天同庆。没想到只过了一个月，

第三章 河西之战

也就是五月,匈奴便出动万余骑兵入侵上谷(今河北怀来一带),杀汉民数百人。

消息传来,汉武帝召集文臣大臣商议对策,他说:"翕侯赵信向单于献计,把主要兵力撤到漠北地区,想来我们这几次对匈奴的战役奏了效。不过,这远远没有达到我们的目的。匈奴撤兵只是暂缓之计,现在他们又趁我们疏于防备,再次侵犯上谷,就是在试探虚实,想伺机卷土重来。匈奴贼心不死,我们万不可掉以轻心,现在我军已休整一年,是时候再给匈奴以重击了!不过,这次我们也要调整作战方略。匈奴远徙漠北,想要以逸待劳不战而胜,那我们就来一个避实就虚,趁其不备,进击河西地区。"

汉武帝向河西出兵的决定,跟博望侯张骞也有很大的关系。建元二年(前139年),那时汉武帝刚刚登基一年,他已经开始积极谋划打击匈奴了。他从投降汉朝的匈奴人口里得知,大月氏人十分痛恨匈奴单于,被迫逃走后还时时想着为大月氏王复仇,但却苦于没有援手。听闻此事,汉武帝便谋划与匈奴有血海深仇的大月氏国联手共同对抗匈奴,他派张骞带领100多人出使西域。

然而,张骞这次出使不是很顺利,途中被匈奴抓获,扣留达 10 年之久，好不容易才逃脱。历尽千辛万苦，他终于到达大月氏国，可是大月氏人因为新的国土十分肥沃，物产丰富，并且距匈奴和乌孙很远，没有侵扰、生活安定的他们此时已经不想复仇了，对张骞联合夹击匈奴的提议丝毫不感兴趣。回程时，张骞又不幸被匈奴扣留，一年多后，匈奴单于去世，左谷蠡王与太子争夺王位，国内大乱，张骞趁机逃回长安，这时已经是元朔三年（前 126 年），距他出发之日已经过去了 13 年。

张骞此行虽然没有说服大月氏国联合抗击匈奴，但是详细考察了包括河西走廊在内的西域地理、人文环境和政治、经济等情况，回来后向汉武帝详细作了汇报。汉武帝听罢，马上意识到河西之地的重要战略意义：夺取河西之地即可切断匈奴人与羌、氐部族的联系，从而大大削弱匈奴人的势力范围，断匈奴右臂，对匈奴形成有效钳制，北定匈奴将会更加省力。再者，夺取河西之地后，大汉可顺势与西域各国建立联系互通有无，尤其是祁连山下水草丰美出产良马，若能将其收入囊中，来日平定漠北便不愁军马补给。

这真是塞翁失马，焉知非福。定襄之战中，前将军赵信军败投降匈奴，为单于谋划撤退漠北，正好给了雄才大略的汉武帝进击河西的机会。他向群臣宣布了自己的作战方略后,卫青率先表示赞同:"陛下英明!如今北部边郡虽然遭到匈奴单于的袭扰,但北方有数十万久经战阵的将士驻守,不会有什么大问题。而我军从未对河西采取过军事行动,对方麻痹大意,若能进行突然袭击,相信可以取得不错的战果。"

"爱卿认为,收复河西需要多少人马?"汉武帝问卫青道。

卫青沉思片刻,答道:"陛下,河西一带水草丰美,处处皆是适于放牧的天然牧场,匈奴部族散居其间,有10万余人,约占匈奴总人口的1/20。这个地方东有黄河天险,南北有高山阻挡,西控通往西域的交通要道,易守难攻,进退自如,是匈奴倚重的根基之地,又有匈奴浑邪、休屠二王的兵力集中在此,能战之师约有4万余人。微臣以为,如果出征河西,至少需要5万人马。"

"5万人马,再加上运送辎重粮草的民夫,至少得十几万人吧?"汉武帝皱起了眉头,又转向侍中桑弘羊问:"桑爱卿,国库能否支付这笔军费?"

桑弘羊面露难色,说:"陛下,连年出征耗资巨大,虽然我们休战了一年，国库也只是稍有余存，并不富裕，目前确实还拿不出这一大笔军费。如果能推迟一些时日，或许可以应付。"

汉武帝良久没有说话，在御阶上来回踱步。如今正值春季，是攻打匈奴的最佳时间。到了夏季，牧草丰茂，匈奴兵强马壮，势必更难对付。可是，打仗打的就是钱，没有钱，一切都无从谈起。

看到陛下为军费发愁，霍去病站不住了，他朗声说道："陛下，末将愿领军出征，只要1万骑兵就够了。辎重粮草也不需要太多，上了战场，完全可以取食于敌。"

这个取食于敌的说法，令汉武帝眼前一亮。他看向霍去病，上次他率800精骑斩杀匈奴2000多人，正是以少胜多。虽然他只有一次出战经验，但相比于其他将士显然更懂用兵之道。兵贵神速，也尚奇策，霍去病年纪轻轻便多谋善战，正是汉武帝此刻急需的人才。

他当即拍板道："好，就由冠军侯率精锐骑兵1万，夺取河西。"汉武帝用人不拘常法，此令一出，群臣议论纷纷，冠军侯虽然勇武霸气，但毕竟经验不足。但是，汉武帝力排众议，坚持任用霍去病，并再次为他特置称号"骠骑将军"，加重他的威权。

元狩二年（前121年）春，骠骑将军霍去病，独自率领1万精兵，从陇西（今甘肃临洮）出发，进攻河西地区（今河西走廊及湟水流域）的匈奴。这一年，他20岁。

随从出征的1万骑兵，除了此前的800精骑，其余都是从拱卫京师的南北两军及边郡抽调来的能征惯战之士，每个骑兵都配了3匹马以及可以射击双箭的强弩。为了保证行军速度，霍去病命令士兵放下辎重，轻装上阵。他带领1万人马，西出陇西，一路飞驰，经金城（今甘肃兰州西固区陈官营一带）、渡黄河，进入河西匈奴地域。

这是霍去病真正大展拳脚的一年，他得以运用自己的战术思想，单独指挥大部精骑兵进行突袭运动战。在此之前，汉军中还从来没有人采用过这样的打法。

此时朝中还有很多人因为霍去病年少而抱着怀疑的态度，但是霍去病心里清楚，机会是汉武帝给的，而胜利则需要靠自己的真才实干真刀真枪地去拼出来。

河西曾是大月氏人的故土，南有祁连山，北有龙首山（古称甘浚山，甘肃天山余脉河西走廊北山的东段），焉支山（今甘肃张掖市山丹县大黄山，也叫燕支山）立于其间。当祁连山冰雪消融时，涓涓细流汇聚而成的大河缓缓流过。大月氏人被匈奴击败后，河西成为了浑邪王、休屠王的地盘。

霍去病率部渡过黄河后，朝匈奴势力较为薄弱的西羌边缘地带疾进。在高空旷野之下，旌旗猎猎，马蹄踏踏，烟尘四起，一片苍凉。霍去病策马走在队伍前列，登上一个小土坡，望着这支训练有素的精锐之师，他心中豪情翻涌。几个部将跟了上来，霍去病指着西北方向，对他们说："前方就是乌鳖河，渡过这条河就到了乌鳖山（今甘肃乌鞘岭），那里有匈奴的遫濮部落，传令下去，所有人做好战斗准备。"

为了达到突袭的目的，霍去病指挥汉军大队人马连夜渡过了乌鳖河。乌鳖山下，就是遫濮部世代生活的家园，大大小小的帐篷散落在草原上。

遫濮部是河西匈奴的一个小部落，人数不多，但在匈奴中还颇有地位。该部落利用河西优越的自然条件，在水草丰美的草原上以放牧养马为生，常年向匈奴本部供应战马。初春时节，牲畜繁衍生息，遫濮部落的人忙于给牛羊接生，夜以继日，疲惫不堪，对战争毫无防备。

天空已经开始泛白，马蹄声渐行渐近，撼天动地，上万名全身盔甲的士兵,在一杆"霍"字大旗的引领下,铺天盖地涌来。

部落里的人听到外面的动静,纷纷从帐篷里跑出来,眼见来者不善,急忙准备战斗。但是,面对狂飙突进、勇猛霸气的汉军精骑,匈奴人根本不是对手。

一眨眼的工夫,霍去病已经带着人马冲了过来,所过之处血肉横飞。遬濮部落还没组织起有效的反击,就被汉军冲得七零八落。一时间,牛马嘶鸣,遬濮部男女老少仓皇溃逃。攻破遬濮部后,霍去病组织手下抓来遬濮部残存的壮牛肥羊,宰杀烹煮,聊以充饥。

稍作休息之后,霍去病又命全军人马即刻横渡狐奴河(今甘肃武威市石羊河)的命令。

狐奴河发源于祁连山脉东段冷龙岭北侧的大雪山,全长500里。此时河里的冰还没有完全融化,河水冰冷刺骨。

渡河当晚,霍去病召开了一次阵前会议。他开门见山地说:"祁连山山麓驻扎了匈奴7个部落的王庭,焉支山往南200里,便是浑邪王、休屠王的王庭,他们兵力雄厚,不可小觑。但是匈奴向来散落而居,我军还是有机可乘的。为了防止敌人集结联合，我们必须奇袭突进，速战速决，打他们一个措手不及。"

6天之内，霍去病率领1万精骑，转战千余里地，踏破匈奴五王国，将河西诸小王纷纷击溃。

得胜后的霍去病没有就此止步，他更希望找到浑邪王、休屠王二部的主力，将匈奴在河西的势力一举击溃。正因为如此，他没有贪恋匈奴的民众和财产，仅仅获取所需的给养，就立马投入新的战斗。

霍去病率大军往北再回头向南，在皋兰山（今甘肃张掖合黎山）下找到了匈奴的主力部队。

寒风萧瑟，席卷一地悲凉，玄黑铁甲在大漠的夕阳里镀上了金色的光华。面对神兵天降般的汉军，匈奴军心大乱。他们挥舞着弯刀，朝汉军冲杀过来。霍去病命令弓弩营排成数排，向匈奴骑兵放箭。随着哨音响起，长箭一阵接一阵飞射出去。

霍去病趁机率军掩杀，双方展开了短兵相接的肉搏战。在混战中，双方人马相互践踏，皋兰山下人马尸体堆积如山。霍去病挥动林檗，接连击杀数十名匈奴头领。狭路相逢勇者

第三章 河西之战

胜，在汉军将士猛烈的攻势下，匈奴人很快便溃不成军，四散奔逃。

此战，汉军杀匈奴折兰王，斩卢侯王，俘获浑邪王的王子及相国、都尉，斩首、俘获匈奴8900多人。并且，汉军还缴获了休屠王用于祭祀的祭天金人。

这祭天金人是匈奴用来祭祀的神像，象征着力量与强大。祭天金人被汉军缴获，从精神上给匈奴兵造成了巨大的打击。

在这场战役中，少年将军霍去病没有拘泥于古人的经验，他凭借自己的头脑和一腔孤勇，让匈奴人真正领略了汉军的勇猛。他所使用的骑兵突袭战术，被证明是对付匈奴的有力武器。霍去病的军队从此形成了凶猛顽强、勇往直前、不怕牺牲的强悍风格。

河西大捷的消息传到长安，朝野上下一片欢欣。汉武帝对战果深感满意，下诏增加霍去病食邑2200户。

在庆功宴会上，汉武帝高兴地说："诸位爱卿，有大将军和骠骑将军，咱们还用得着怕匈奴人吗？离他们屈膝臣服的日子恐怕不远了。来，让我们敬他们一杯！"

途中认亲

霍去病率领大军路过河东郡时,发生了一件事。这件事,与他出发之前跟母亲卫少儿的一次谈话有关。

正所谓儿行千里母担忧,何况是兵战凶危之事。卫少儿准备了一些寒衣,叫来霍去病,一再嘱咐。她细细地端详着儿子,那高大威武、英姿飒爽的模样中,霍仲孺的影子隐然闪现。儿子此次出征河西,必然要路过河东郡,他的生父就在那里,不知他们是否有机会相见,想到这里,她不禁出了神。

看见母亲神情恍惚,霍去病大概猜出了她的心思。母亲这么多年来绝口不提父亲的下落,自然有她的道理,他虽然十分好奇,但因怕给母亲增添烦忧也未敢深问。现在自己受皇帝之命为国出征,已经是能够独当一面的男子汉了,自然不同于往日。既然已经长大成人,就应该为母亲分担忧愁。

霍去病开口安慰母亲道:"母亲不必担心,孩儿从小

第三章 河西之战

跟在舅舅身边，骑马射箭，已经练就了一身武艺，陛下又派1万精骑随我出征，匈奴人根本不是我们的对手。您放心吧，孩儿还会像上次一样安然归来的。只是我堂堂冠军侯，至今仍不知亲生父亲的名讳及所在，更不知宗庙氏族在何处，就像那无根之木、无源之水，心中无着无落。娘既然坚持让我姓霍而不是姓卫，想必也是希望我有朝一日能认祖归宗。"

听到这里，卫少儿神色一变。她何尝不知道儿子的想法，只是弟弟卫青小时候认亲的遭遇让她心存疑虑，她担心霍去病去认亲也会自取其辱。如今，儿子已经长大成人，作为一军之将，手下人马成千上万，没人可以欺负得了他。思前想后，她把自己以前在河东郡平阳侯府当奴仆，与平阳县吏霍仲孺有过一段短暂情缘的事情，向霍去病详细道来。最后她说："不是娘要故意隐瞒，实在是你父亲有负咱们，我就当没有他这个人，这样心里还好受一些。"

对于母亲多年来的煎熬与艰辛，霍去病感同身受。他抱住母亲，说："娘，过去的就让它过去吧，现在咱们不是生活得很幸福吗？"霍去病似乎颇为洒脱。

然而，人总是希望知道自己的来处。

行军至河东郡，霍去病开始有些动摇。他如今贵为冠军侯，是皇帝身边的红人，他多少有点想向生父证明自己。沉吟良久，霍去病终于拿定主意，带着几名亲兵直往平阳县城而去。他要去找霍仲孺，了却自己多年来的心结。

平阳太守听说冠军侯出征河西行军将至的消息，早已让人排好队列在郊外迎接等候。他还亲自背着霍去病的弓弩和箭簇在前面引路，一路来到平阳县客舍。霍去病到了客舍，马上差人去接霍仲孺。

霍仲孺接到消息后，一时六神无主，担心大祸临头。毕竟这么多年，不管是物质还是精神，他都没有对这个儿子尽过一分责任。如今，这个从未谋面的儿子，来见自己是为了报仇还是报恩他心里没底。但事已至此，他也不敢怠慢，一路小跑来到客舍，只见一个高大俊朗的青年坐在房屋正中，自有一番威严。

霍仲孺正要施礼之际，霍去病连忙快步迎上前去，在霍仲孺前面跪了下来，说道："去病早先不知道自己是大人之子，没能尽孝。请受孩儿一拜！"

原来,他是来认亲的。霍仲孺激动之余,又颇感羞愧,不敢正面回应,诚惶诚恐地匍匐在地上,叩头道:"老臣能够把生命寄托在将军身上,这是上天的力量啊。"

霍去病忙道:"大人快快请起!"

将霍仲孺请入上座后,霍去病细细询问父亲的生活情况。交谈中,霍去病得知自己还有一个同父异母的弟弟叫霍光,便让父亲请来相见。

霍光已经十几岁了,长得眉清目秀,聪明伶俐。霍去病见了颇为喜爱。霍光也很崇拜这个威风凛凛的兄长,两人十分投缘。

逗留期间,霍去病又吩咐属下去买田宅、奴婢,好好安置生父一家。

霍仲孺连连推辞:"使不得,使不得。"

霍去病说:"这是孩儿的一份孝心,大人不必客气。此次我领兵出征,军情紧迫,不能久留,待我归来,再来拜见大人。"

安排妥当后,霍去病心中轻松了许多。他很快便辞别生父,继续开拔向西。

此次认亲，可以看出霍去病的心胸之开阔，虽然从小就背负私生子之名，但他对生父仍然十分孝敬。更为难得的是，霍去病从漠北凯旋时，还将同父异母的弟弟霍光带到了长安。在霍去病的帮助下，霍光年纪轻轻便做了郎官，后来又升任曹官、侍中。当然，打铁还得自身硬，霍光自身的才能也是很突出的。霍光为人果敢善断，知人善任，深得汉武帝信任。汉武帝去世之际托孤于他，他也不负所望，前后辅佐三朝皇帝，行伊尹之事，为汉室的安定和国家的发展作出了重大贡献。

祁连哀歌

霍去病从焉支山得胜回朝后，汉武帝马上召他入宫长谈。在这次谈话中，武帝展露出了更大的计划——乘胜追击，完全剪除盘踞在河西的匈奴势力，彻底打通河西走廊，张国臂掖，以通西域。

为了实现这一目标，元狩二年（前121年）夏季，汉武帝经与群臣商议，制定了一个周密的作战计划，命霍去病与

第三章 河西之战

公孙敖分领数万骑兵，从北地（今甘肃庆阳西北）出塞，乘胜向西进击。

当时左贤王兵强马壮，管辖的地区在匈奴的东部，是匈奴中仅次于单于的势力，也是单于的继承者。自汉朝与匈奴开战以来，左贤王部还没有受到汉军的严重打击。但他们经常入侵汉朝东北，如今汉军向西展开军事行动，左贤王有可能出兵从东部攻击汉军的后路。

为了牵制匈奴左贤王的兵力，避免其向河西方向增援，汉武帝派博望侯张骞、郎中令李广各率一路人马，兵分两路，出右北平（今辽宁凌源西南），进击左贤王部，策应霍去病军。

如果计划能够顺利实施，霍去病和公孙敖将在河西走廊会师，对匈奴形成东西夹击之势，一举歼灭浑邪王、休屠王部落。

然而计划总是赶不上变化，战争过程中存在着种种变数。

苍茫祁连，征蹄滚滚。各路大军出发后，霍去病和公孙敖的配合却出现了问题。当霍去病率部渡过黄河、跨过贺兰山，按照预定计划深入匈奴后方之后，只等公孙敖一到便可挥兵挺进，给匈奴以致命一击。然而他却等来了一个可怕的消息：公孙敖在行军过程中迷路了，无法在预定时间内赶来汇合。

公孙敖为什么会迷路呢？黄河以西至中央戈壁的这大片沙漠，面积非常大，并且以流动沙丘为主，要穿越过去真的很难。公孙敖不熟悉塞外大漠的地理环境，又缺少匈奴向导，在沙漠里迷路也是很正常的事情。而霍去病军中收编了不少以前的匈奴俘虏，他就用这些熟悉大漠情况的人作为向导。

此时此刻，公孙敖正带领数万人马在沙漠中艰难地跋涉，目之所及，只有遍地的黄沙和望不到尽头的沙丘。狂风来袭，飞沙走石，眨眼之间天昏地暗。公孙敖忍不住悲叹："难道天要绝我？就算能走出这大漠，也耽误了与霍将军会兵的时间，回去如何向陛下交代？"但是，他知道自己不能倒下，他必须把这几万人马安全地带回去。他打起精神，迎着遮天蔽日的风沙继续前进⋯⋯

与此同时，霍去病面临着一个两难的抉择：独自作战风险太大，不一定能够取胜；继续等下去，则可能延误战机，

第三章 河西之战

无功而返。

霍去病深知"兵贵神速"的道理，一直等下去不是办法，他做出了一个大胆的决定——趁匈奴人没有察觉，从侧面发起突袭。

军司马赵破奴则倾向于再等一等，他说："孤军深入匈奴腹地，太危险了。"

霍去病却不以为然："今年初春，我们以1万骑兵在焉支山大获全胜，可见有时人马的数量并不是取胜的主要因素，只要我们抓住有利时机，对敌人进行突袭，还是有把握取胜的。"

赵破奴点点头，他数次跟着霍去病出征，对霍去病的军事才能已有一定的了解。

随后，霍去病率领不足万人的奇袭部队，在寂寥荒凉的戈壁之上行军如疾风骤雨。凭借顽强的意志和过人的胆识，他们跨过浩瀚的腾格里沙漠和巴丹吉林沙漠，绕道居延海（今内蒙古阿拉善盟额济纳旗内），沿弱水（今甘肃纳林河）而进，过小月氏（今甘肃敦煌市南湖镇旧关遗址西南），在匈奴境内狂飙突进2000多里，悄悄来到祁连山脚下的匈奴大本营附近。

此时,浑邪王、休屠王正坐在一起商量怎样反扑汉军。

浑邪王对休屠王说:"不必担心,汉军劳师远征,大漠里的漫漫黄沙就是其葬身之地,就算他们千辛万苦穿过大漠,那也已成强弩之末。我们以逸待劳,优势在我,必能一举击败他们。"

然而,他们做梦也没有想到,自己防线的背后会天降神兵。营地外,几名匈奴探子拼了命地往营地飞奔,脸上带着惊恐之色,一边跑一边放声大喊:"汉军来了!汉军来了!"

当匈奴人吹响号角的那一刻,一面"霍"字大旗迎风出现,随后便是勇猛威武的汉军铁骑。霍去病手握林槊,一马当先,杀向匈奴营帐。尖叫声和厮杀声顿时响起,铁骑如风,迅疾地扫过一顶顶白色的毡房。霍去病左冲右突连刺数人。周围的匈奴士兵看着目光如电的霍去病畏缩不前,感觉他如同死神临世。

经过激烈的战斗,汉军以伤亡2000多人的代价,取得了决定性的胜利,斩杀匈奴3万余人,迫降单桓王、稽沮王、呼于屠王、酋涂王及相国、都尉等2500人；五王母、单于阏氏、王子59人，以及相国、将军、当户、都尉63人，都成了汉军的阶下囚。

兵败如山倒，惊慌失措的浑邪王、休屠王丢盔卸甲，率残军逃走。这一仗令匈奴实力大损。

匈奴人在失去赖以生存的河西草原与祁连牧场后，只能带着帐幕与家当，越过一个又一个戈壁沙漠，逃往遥远的漠北苦寒之地。

无以家为

当霍去病的捷报传回长安，汉武帝大喜过望，马上下诏表彰霍去病的战功，加封其食邑5400户。

霍去病骁勇善战、身先士卒，常常剑走偏锋而能大败匈奴，成了汉军中的传奇人物，在他的身边聚集了一批剽悍勇猛、视死如归的战士。他们多次随从霍去病深入大漠力战，奋勇当先，在这次战役中也立下了不小的功劳。

给孩子读的中国先贤故事：霍去病

霍去病大获全胜，与他同时出征的另外三位将领就没有那么幸运了。与霍去病分路西进的公孙敖在大漠中迷了路，而从右北平出发的郎中令李广和博望侯张骞也不太顺利。

奉命牵制左贤王的李广率4000人马为先锋，行军几百里之后，就被左贤王率领的4万骑兵给包围了。敌众我寡，兵力悬殊，士兵们都十分惊慌。危急时刻，李广让自己的儿子李敢率数十名骑兵直穿敌阵，从其左右两翼冲出。李敢回来报告说："大家放心，匈奴人好对付！"士兵们见状，心里安定了一些。李广下令士兵们摆成圆形战阵，双方开始用箭互相射击，汉军伤亡过半，并且箭也快用完了。李广下令道："所有人将箭扣在弦上，引而不发。"接着，他自己用大黄弩射击匈奴将领，一连射死了好几人，终于使匈奴人的攻势缓和下来。眼看天色已晚，汉军士兵都面无人色，但李广仍然神情自如，更加注意整顿军队。第二天，双方再次发生激战。关键时刻，张骞率领大军赶来了，匈奴人见没有取胜的把握，连忙撤军。汉军因疲惫至极，无力追击，也收兵返回。

按照军法，李广虽然以少对多，成功牵制了左贤王，但部下伤亡惨重,所以功过相抵,无赏无罚;张骞、公孙敖行动迟缓,贻误战机,本应处斩,汉武帝宽仁,允许他们以钱物赎罪,但他们的军中官职和爵位食邑全部被剥夺,贬为平民。

该赏的赏了,该罚的也罚了,汉武帝静下心来,觉得以这次的战功,给霍去病的赏赐还不够。他考虑再三,决定为霍去病建一座豪华的宅邸。在他看来,身为骠骑将军,应该有骠骑将军的威仪才行。汉武帝对此事特别上心,亲自审定图样,派人督造完工。

但霍去病对富贵乡的兴趣并不大,他志在疆场,能够让他去攻打匈奴,就是对他最大的奖赏。所以,当汉武帝兴冲冲地带他去参观新建好的府第时,他几次欲言又止。汉武帝正在兴奋之中,没有注意到霍去病的异样,参观完后,他问霍去病:"怎么样,爱卿可满意?"

霍去病拱手道:"陛下的美意,臣心领了。"

"什么意思?朕为了建造这房子可是费了不少心思,你倒好,一盆冷水就泼过来。"武帝一脸不解地看着霍去病。

霍去病说:"陛下,房子很好,只是臣暂时不想要。"

汉武帝有些不高兴了,说:"你说说看,什么理由?"

霍去病神情严肃道:"匈奴未灭,无以家为也。"

短短九个字,铿锵有力,在历史的长空中回响不绝,至今仍引得无数男儿血脉偾张。

第三章 河西之战

行伊霍之事

在霍去病的引荐之下,霍光得以进入汉武帝的视野当中,并且在汉武帝临终之际被委以重任,负责辅佐尚且幼小的汉昭帝。而霍光也不辱使命,挫败上官桀等拥立燕王刘旦的计划,守护了汉昭帝的君位。汉昭帝去世后,霍光拥护昌邑王刘贺为帝,27天后又将其废黜,改立汉武帝曾孙刘询即位,是为汉宣帝。因其废立两帝,与殷商伊尹废太甲之事相似,故人们往往将两人相提并论。而后世权臣在废立皇帝时,则往往以"行伊霍之事"作为掩饰。早在先秦时期,孟子和他的弟子就讨论过臣下是否可以废立皇帝,弟子问孟子:"贤人为人臣子,国君不贤,就可以放逐吗?"孟子回答说:"有伊尹那样的心志就可以,没有伊尹那样的心志就是篡位。"伊尹曾辅佐成汤推翻夏桀的统治,建立商朝。后来太甲继位后有违君道,伊尹便将他放逐到成汤的墓葬之地——桐宫,让他学习反省,待他悔过自新后,又将君权交给了他。霍光的一废一立,同样是着眼于大局,公天下以为心。所以在他死后,汉宣帝把他名列"麒麟阁十一功臣"首位。

月氏

月氏是匈奴崛起以前居于河西走廊、祁连山的古代游牧民族,亦称"月支""禺知"。月氏在西域众多国家中属于非常强大的一个,起初连匈奴都不敢招惹它。当年冒顿曾经在月氏做质子,后来回到匈奴鸣镝弑父当了单于,在他的带领下,匈奴逐渐强大起来,之后便开始征服西域。前177—前176年,匈奴冒顿单于遣右贤王大败

第三章 河西之战

月氏。后来老上单于即位,再次大败月氏,月氏王都被杀死。月氏被迫西迁,从河西走廊一带迁移到了伊犁河附近,也有一部分没有迁移,留了下来,与祁连山地区的羌族融合,被称为小月氏;迁到伊犁河附近的主力则称为大月氏。月氏曾在公元前177年左右击败它的邻国乌孙,占领了乌孙的土地,杀了乌孙王难兜靡,乌孙王之子列骄靡逃至匈奴。前139—前129年,猎骄靡在匈奴支援下西击大月氏,杀大月氏王,并夺占伊犁河流域。大月氏再次被迫南迁,过大宛,定居于阿姆河北岸(在今天的乌兹别克斯坦境内)。所以当张骞建议大月氏联合大汉夹击匈奴时,月氏已经不在匈奴侵扰的范围之内了。

张骞凿空

张骞曾两次出使西域,分别在前138—前126年,与前119—前115年。第一次是奉汉武帝之命出使大月氏,以求联合夹击匈奴,结果被匈奴扣留10年之久,而大月氏又早已远遁一方,形势有变,未能成计。但是,他在这个过程当中,行经大宛、大月氏、大夏、康居多个大国,并获知了周边多个国家的相关信息,对西域的地理有了更为广阔的认知,为此后汉武帝进击河西地区奠定了基础。在霍去病的奇袭突进之下,河西地区最终被纳入大汉版图,汉武帝又向张骞询问大夏等国的信息。张骞借机向汉武帝献计联合乌孙夹击匈奴,于是武帝命他再次出使西域。元狩四年(前119年),张骞率领300人组成的使团,带牛羊万头,金帛货物价值"数千巨万",前去游说乌孙王,但也没有成功。之后,他又分遣副使持节访问大宛、康居、大月氏、大夏等国,于元鼎二年(前115年)返回长安。张骞虽然没有完成汉武帝交给他的使命,但是他出使西域所产生的实际影响却是十分深远的。在出使过程中,他与西域诸国建立了良好的关系,自此,不仅现今中国新疆一带同内地的联系日益加强,而且中国同中亚、西亚,以至南欧的直接交往也建立并密切起来。后人正是沿着张骞的足迹,走出了誉满全球的"丝绸之路"。

第四章

黄河受降

浑邪王战败后，因为害怕伊稚斜单于的处罚，于是打算投降大汉。在不确定匈奴人是否使诈的情况下，霍去病主动表示愿意去受降。果然，部分匈奴人看到汉军后，临时变卦，密谋反叛，还有人偷偷逃跑。危急关头，霍去病单刀赴会，用气势镇住了浑邪王及其部众，并果断杀掉不愿投降的8000匈奴部众，圆满完成了这次受降任务。从此，丝绸之路的咽喉要道——河西走廊，牢牢地掌握在了大汉手中。

二王议降

霍去病在祁连山下击败浑邪王、休屠王,还俘虏了浑邪王的王子和官员。在汉军的猛烈攻势之下,匈奴人彻底失去了战略上的优势,西域诸国对于匈奴的外交照应也被斩断了。愈发孤立的伊稚斜单于,把心中的怨气发泄到了浑邪王、休屠王身上,认为匈奴连战连败,伤亡数万,都是因为他们作战不力。他咬牙切齿地说:"浑邪、休屠二王误我匈奴,我非杀了他们不可!"

赵信听了连忙劝阻道:"单于,日后若要重振河西,还是要依靠浑邪、休屠二王,万万不可冲动行事。"

伊稚斜单于冷笑一声,说:"河西地域广大,精兵强将那么多,而且是以逸待劳,面对远道而来的汉军,却还是一败涂地。不过是两个废物而已,留着何用!再依靠他们,恐怕我连命都要保不住了。"说完,他以商议大事为由,派人去请浑邪王、休屠王到单于王庭来。

荒漠的秋天很快又来临了。这天，浑邪王正躺在临时的大帐里发呆。最近他有点意志消沉，因为他的王庭没有了，成群的牛羊也没有了，下一步该怎么办呢？他想着想着，忍不住叹了口气：自从大汉有了卫青和霍去病，匈奴人的好日子就一去不复返了。

他正昏昏欲睡之际，一个亲随慌慌张张地跑进来，报告说："大王，大单于派人请你和休屠王去王庭走一趟，说有事要议。"

浑邪王闻言大惊，猛地坐了起来，吩咐道："快去把休屠王请来！"

亲随答应一声，匆匆离开了。浑邪王内心纷乱如麻，再也躺不住了。他不知道伊稚斜单于是不是听到了什么风声，为什么偏偏在这个时候召他去议事，其中会不会有什么阴谋？这显然是场鸿门宴。

原来，浑邪王作为败军之将，知道自己不能再回去了，否则必然遭到大单于的惩罚。他和伊稚斜单于的血缘关系本来就比较疏远，一直以来，伊稚斜单于把河西作为供应基地，对他呼之即来挥之即去，任意索取，他早就有些厌烦了。而

第四章 黄河受降

且，汉军两次攻打河西走廊匈奴本部都没有派一兵一卒前来支援，任由他们自生自灭，他对此愤愤不平。加上他的王子、大臣都被汉军俘虏，他一不做二不休，决定联合休屠王投降汉朝。三天前，他悄悄派人向驻守边境的汉军表示愿意投降，请求汉军出兵接应，并且把匈奴单于王庭的位置告诉了汉军。

当时，汉军大行李息正在黄河南岸修筑城堡，从浑邪王的使者那儿得知这个消息后，他不敢怠慢，马上派人向汉武帝奏报此事。

汉武帝对匈奴人主动投降当然是欢迎的，但是他又担心其中有诈。大将军卫青说："昔日左贤王於单投降，是因为手下没有了像样的军队，为了保命才主动前来投降。匈奴人自古习惯逐水草而居，如果没有特殊情况，一般不会轻易改变。现在浑邪王、休屠王至少还有5万兵马，怎么可能来降？说不定这是匈奴单于使诈，让浑邪王、休屠王假借投降之名，想趁我们防守疏忽之际，发起突然袭击。"满朝文武也议论纷纷，说浑邪王之言不可轻信。

张骞对西域的情况较为熟悉，他分析道："大将军所言不无道理，但也不排除匈奴二王是因内部倾轧而被迫投降这种可能，如果过于谨慎而错过这个大好机会也很可惜。"

对于汉武帝来说，多年攻打匈奴，耗资巨大，已经使他不得不采用卖官鬻爵的方式来解决燃眉之急。除了要扫除外患，他还要解决内乱，淮南王、衡山王的叛乱事件才刚平息，元狩二年（前121年），江都王刘建又暗中筹划谋逆，在诸侯王中引起震动。此时面对匈奴二王的归顺，他心里有些没底。

汉武帝转向霍去病，问道："爱卿连续出征河西，曾与浑邪王、休屠王在战场上刀兵相见，说起来他们投降跟你也不无关系。你对此有何看法？"

"不战而屈人之兵，善之善者也。如果浑邪王、休屠王甘心臣服，那真是再好不过了，省了兵戎相见，对我大汉将士也是件幸事。只要我们做好两手准备，见机行事，即使他们诈降也不难对付。"说到这里，霍去病主动请缨道，"如果陛下准许，臣愿领兵前去受降。"

话毕，原本纷乱吵嚷的朝堂一时之间变得安静肃然。犹疑不决的汉武帝听到霍去病掷地有声的回应一扫愁云，当即拍案同意：由霍去病率领精骑前去受降。

临行前，汉武帝嘱咐他说："河西二王多年与大汉为敌，狡诈多变，与他们周旋不仅需要勇气，更需要智慧。你这次前往，要见机行事，当断则断。万万不可掉以轻心，反受其害。无论如何，一定要平安归来，不能出任何意外。"

"陛下放心，浑邪王、休屠王都是臣手下败将，上次大战他们已经元气大伤，谅他们也玩儿不出什么花样来。臣自有分寸，定不负陛下重托！"霍去病向汉武帝承诺道。

汉武帝笑着说："好，朕还有很多大事要依仗爱卿呢。"

休屠死路

正如大汉君臣所料，匈奴人此次来降，确实存在观望的态度。事情很快起了变化，前来投降的只有浑邪王，休屠王不见了踪影。这是怎么回事呢？

本来，浑邪王已经说服休屠王一起向大汉投降，但休屠王事后仔细一思量又反悔了。他早已习惯了祖祖辈辈流传下来的游牧生活，投降汉朝就要踏上漫长的迁徙之路，他不知道会受到何种待遇，更不知道能否保住性命。他的部众也是一样，只想继续以往无拘无束的生活，纷纷表示不愿降汉。

考虑良久，休屠王改变主意决定不投降了。他一面派人将浑邪王降汉之事密报伊稚斜单于，一面引众前来与浑邪王周旋。而浑邪王在派人去请休屠王时，为防不测，也做了两手准备。

休屠王到来后，还想劝说浑邪王放弃投降的想法，他说："你真的打算投靠敌人吗？"

浑邪王一听，便猜到休屠王已经出卖了自己，他说："你是不是向大单于告密了？我们曾是兄弟、是朋友，你这样卖友求荣，良心何在？"

"再怎么样，也比你当叛徒好。"休屠王冷笑一声道。

"开弓没有回头箭，难道我们现在还有别的选择吗？大单于不会轻易饶了我们的。"浑邪王无奈地说，"更何况，投降大汉有何不好，汉朝皇帝对投降的匈奴人都很优待，老单于的太子於单带人投降后被封为涉安侯，得到的钱财几辈子都花不完。"

"於单是军臣单于的汉家阏氏所生，与汉朝皇帝有着割不断的血肉亲情，而我们跟汉朝皇帝一不沾亲二不带故，他怎么可能会优待我们？"休屠王不以为然道。

浑邪王坚持说："我们主动率部众投降，汉朝皇帝一定不会亏待我们的。"

"你宁愿相信汉人，也不相信自己人。既然如此，咱们各走各的！"

休屠王说完，就要转身离开，有几个部落王也连忙跟上。不过，还没等他们迈开步，便被浑邪王的几个部下挡住了去路。

休屠王眼尖，发现他们的手已经按在了腰间的弯刀上，他心中一惊，退后几步，厉声问道："你这是什么意思？难道要拿我们的人头去向汉人求降吗？"

浑邪王面不改色地说："事情走到这一步，都是你的错。你不必怪我，要怪就怪你自寻死路。"

随着浑邪王一声令下，休屠王和几个部落王便丧了命。

平定哗变

浑邪王杀了休屠王后，整顿部众，赶着牛羊，前往黄河的约定地点。当然，他也带上了休屠王的部族和家属。

很快霍去病也率部渡过了黄河，双方相距数里，遥遥相望。汉军排成威严的队形,"霍"字军旗迎风招展,甲仗在太阳下闪闪发亮。

浑邪王的部众见汉军人马甚多,而且带兵前来的汉将就是两次横扫河西的骠骑将军霍去病,心里着实有些惊慌。一些小王及浑邪王的部将们顿时反悔,汉王朝哪里是来受降,分明是派霍去病这个战神来将他们一网打尽的。他们开始密谋反叛,还有一些人想趁机偷偷逃走。

匈奴内部骚乱不安,那些原本想要投降的人此时心里也开始打起了鼓,犹豫不决。而对岸的霍去病对这一切早已洞若观火,这种时候,关键是要果断,他心里很快有了一个大胆的计划。

"你们全体在此等候,没有我的命令,不许乱动。"霍去病干脆利落地下达了命令,让大部人马原地待命,然后只带少数精锐骑兵去见浑邪王。

霍去病手持林槊,风驰电掣般奔往浑邪王的大营。他在浑邪王大营前来回飞驰,双目扫视匈奴部众,突然拉紧缰绳,狂奔的战马前蹄高高抬起,嘶叫声响彻草原。霍去病人随马势,整个人悬在了半空中,大声吼道:"降者生,反者死!"声震四野,匈奴人听得清清楚楚,不由得人人变色。

第四章 黄河受降

霍去病见到浑邪王,高声质问道:"浑邪王,你是否真心降汉?休屠王为何没有一起前来?"

"休屠王反悔不想投降,我出于无奈,只能杀了他。"浑邪王苦笑着说,"但我实在控制不住他的部众,休屠、独孤等部落有好几千人不愿投降,连我手下的一些人也受他们蛊惑,有了叛离之心。"

"不碍事,你只需约束好你的部众,其余的事就交给我来办吧。要想稳住局势,这些人必须得杀掉,一个不留。"霍去病双目射出比刀刃还要锐利的光芒。

浑邪王吃惊地望着霍去病,这些人毕竟是自己的同胞,他小声说道:"请霍将军手下留情。"

"留下他们,终究是个隐患。这里离长安还很遥远,万一路上有什么变数,谁也担不起这个责任。"霍去病不容分辩地说。

浑邪王也觉得霍去病言之有理,但这样的处置方式,不免让他担心自己投降后的命运,一时沉默不语。

霍去病看出了浑邪王的疑虑,又安慰他说:"请放心,只要你的部下诚心归降,我大汉一定会善待他们。王子昆邪尔图现在在长安过得很好,天子还让他做了官。等你到了长安，就可以见到王子了。"

"真的吗？"浑邪王高兴地说，"我儿还活着？真没想到……"

"我大汉以诚相待，你还犹豫什么？降汉后必能高官厚禄，部众也可以解甲归田、安居乐业，我霍去病愿以性命担保！"霍去病不失时机地劝道。

浑邪王听到这里，终于下定了决心，他和霍去病联手，对那些不愿投降的部落进行了围歼。其余几万匈奴人也不敢再轻举妄动了。

随后，浑邪王率领部族4万多人，随霍去病渡过黄河。为了震慑匈奴王庭，对外声称受降匈奴10万余人。

一切安排妥当，霍去病马上派人向汉武帝奏报受降的情况，并且命人护送浑邪王到长安拜见陛下。他则率领1万骑兵和4万多匈奴人，徐徐向关中进发。

河西受降，是霍去病军事生涯中的一大成就。

第四章 黄河受降

河西四郡

河西二战使匈奴的元气大伤，浑邪王又率领部众投降大汉，河西这个水草丰美的咽喉要塞之地，终于纳入汉朝的版图。浑邪王投降之后，汉武帝将其部众4万余人，分别安置于陇西、北地、上郡、朔方、云中等五郡，定居在黄河以南塞外一带地区，称为"五属国"。将原来的匈奴人重作安顿之后，汉武帝又开始考虑河西之地的经营。在元狩末年（前117年、前118年），他在浑邪、休屠二王的故地设置了酒泉郡。关于"酒泉"之名的来源有多种传说：一说城下有泉，泉水若酒，故而名之；一说是因为霍去病为了与士兵们共享美酒，把汉武帝亲赐的御酒倒入泉中而得名。后来因为面积太大，难以管辖，在元鼎初年（前116年、前115年），分酒泉郡东（故休屠王地）以武威县为中心的区域为武威郡，郡名寓意张扬汉朝武功军威于河西之地。元鼎六年（前111年），分酒泉郡东（故休屠王地）以张掖、令居二县为中心的区域为张掖郡，郡名寓意断匈奴之臂，张汉朝之掖。后元元年（前88年），又分酒泉郡西部疆域置敦煌郡，取盛大辉煌之意。武帝以后，河西四郡的疆域又有调整，并于西汉末最终形成敦煌、酒泉、张掖、武威四郡由西到东依次排列的格局。

乌孙公主刘细君

刘细君是汉朝派去与乌孙和亲的第一位公主，她的祖父是汉景帝的儿子刘非，"七国之乱"发生时，刘非因平定吴国立下大功，被封为江都王。刘细君的父亲刘建为人骄横，犯上作乱，事情败露后畏罪自杀。元鼎二年（前

115年),张骞第二次出使西域回来后,曾提议与乌孙结亲连好,一起对抗匈奴,但汉武帝没有采纳。元封初年(前110—前109年),乌孙派遣使者,以千匹马作为聘礼,媒聘汉家公主,汉武帝选定刘细君作为联姻的公主,远嫁乌孙王猎骄靡。刘细君远嫁到乌孙后,自己建造宫室居住,将财物、丝织品等赏给猎骄靡身边的贵人。在乌孙国生活期间,她不仅教授当地人汉朝的语言文字,还传播了汉族的音乐、舞蹈和服饰。因为细君公主的到来,乌孙开始有了房屋,并且开始种桑养蚕。刘细君在乌孙思念故乡,于是作《悲愁歌》:"吾家嫁我兮天一方,远托异国兮乌孙王。穹庐为室兮旃为墙,以肉为食兮酪为浆。居常土思兮心内伤,愿为黄鹄兮归故乡。"

汲黯直谏

匈奴浑邪王率部众降汉后,汉朝征发2万车辆前去接运。但官府无钱,只得向百姓借马。百姓担心官府不能归还,不少人把马藏起来,因此无法凑齐马匹。汉武帝知道后大怒,要杀右内史管辖下的长安县令。汲黯立即觐见汉武帝,说:"长安县令没有罪,不能杀,要杀就杀我。匈奴将领背叛他们的君主来投降,朝廷可以慢慢地让沿途各县准备车马把他们按顺序接运过来,何至于让全国骚扰不安,使百姓们疲于奔命地去侍奉那些匈奴的降兵降将呢!"浑邪王率部到来以后,汉朝商人因与匈奴人做买卖,被判处死罪的有500多人。汲黯又去找汉武帝进谏,说:"匈奴攻打我们设在往来要路上的关塞,断绝和亲的友好关系,朝廷发兵征讨他们,战死疆场与负伤的人数不胜数,耗费了数以百亿计的巨资。浑邪王率领几万部众前来归降,也不该倾尽官家府库的财物赏赐他们,征调老实本分的百姓去伺候他们,把他们捧得如同宠儿一般。无知的百姓哪里懂得让匈奴人购买长安城中的货物,就会被死抠法律条文的执法官视为将财物非法走私出关而判罪呢?"面对汲黯的直言进谏,汉武帝自知理亏,只能沉默以对。

第五章
封狼居胥

为了巩固和扩大河西战果,将匈奴从漠北全部驱逐,汉武帝决定举全国之力,与匈奴展开最大规模的决战。这一次,霍去病率骑兵5万,出代郡、右北平郡,北进2000多里,越过离侯山,渡过弓卢河,与匈奴左贤王部交战,大破匈奴军;之后又乘胜追杀,在狼居胥山举行了祭天封礼,在姑衍山举行了祭地禅礼,兵锋一直逼至瀚海。这次大决战,使危害汉朝百余年的边患基本得到了解决。

漠北决战

浑邪王杀了休屠王，投降汉朝的消息，很快便传到了匈奴王庭。伊稚斜单于暴跳如雷，对浑邪王的背叛十分恼怒，同时也产生了一种不祥的预感：汉军对漠北的打击，恐怕不会等太久了。

事实也是如此，汉武帝在打通河通走廊后，心里仍在盘算如何巩固和扩大河西战果，以便将匈奴从漠北全部驱逐。

汉武帝还没有动手，伊稚斜单于已经忍耐不住。元狩三年（前120年）秋，也就是浑邪王投降的第二年，伊稚斜单于兵分两路，每路各有数万人，攻入右北平、定襄两地，杀掠汉民千余人而去。伊稚斜单于还要求所有部落从各个方向对大汉边郡进行袭扰，缴获的战利品不必上交王庭。重赏之下必有勇夫，匈奴部落或单独、或联合，四处劫掠，见人就砍杀，见房子就放火烧，大肆抢夺粮食和马匹。

匈奴人疯狂劫掠，边郡的一封封急报接连传来，这激起了汉武帝更大的斗志。考虑到汉军经过以往多次实战的锻炼，已经积累了以大规模骑兵长途奔袭的作战经验，武帝决定举全国之力，与匈奴展开决战。

但前期的对匈战争已经把国库掏空了，要和匈奴开战，首先需要筹钱。为此，汉武帝采取了几个措施：一是整顿财政，由国家发行货币；二是对工商业者征收重税；三是实行盐铁专卖，增加国家财政收入；四是卖官鬻爵，允许百姓交纳粟米换取爵位。这些措施对社会秩序造成了破坏，但也使汉武帝在短时间内筹集到了可观的战争经费。

马匹的准备也是个大工程。首先从汉军的军马养殖场挑选良马10万匹，但是按照一个骑士2匹马的配备标准，这个数量有些不足，于是又让士兵们自备4万匹，一共凑齐了14万匹战马。另外还从国家养殖场里挑了6万匹普通马，再加上征用的民间私马，又凑齐了14万匹用于运送粮草装备。

汉武帝还征集了50万步卒作为后勤部队，负责押运粮草、转运辎重，必要的时候还可以投入战场，作为候补兵力。

元狩四年（前119年），汉武帝下令由大将军卫青、骠骑将军霍去病各领5万骑兵，兵分两路，深入茫茫大漠，寻歼匈奴主力。

第五章 封狼居胥

卫青一路以郎中令李广为前将军，太仆公孙贺为中将军，主爵赵食其为右将军，平阳侯曹襄为后将军。

霍去病胆略过人，在战斗中敢拼敢打，汉武帝对他寄予厚望，将所有敢于力战深入的精兵都分派给他。比如，从骑侯赵破奴、校尉李敢、校尉高不识等猛将，熟悉大漠环境和地理、作战经验丰富的匈奴降将复陆支、伊即轩、安稽等，以及上林苑训练的3000精骑。另有郡太守路博德带领地方上的几千戍卒从右北平出发，出塞后与霍去病会合，并为一路。这一年，霍去病22岁。

出兵在即，望着眼前的大军，汉武帝神情凝重，道："翕侯赵信投降匈奴后，为匈奴单于出谋划策，设计北迁，认为汉军不能深入大漠在那种地方久留。朕现在发动大军出击，就是要横跨沙漠寻找匈奴主力决战。此次远征，非同小可，剿灭匈奴，在此一举！望诸将士努力！"

众人齐声呼喊："陛下英明，我等誓死效忠！"

大军出征前夕，抓获了一个匈奴士兵，经审讯得知伊稚斜单于向东而去。于是汉武帝改变计划，临时调换了卫青与霍去病的进军路线：霍去病从东边的代郡出发，正面迎战伊稚斜主力；卫青从西边的定襄出发，去对付左贤王部。

汉武帝还特意嘱咐霍去病："朕让你去攻打匈奴单于，

你一定要替朕将他生擒回来。"霍去病当即表示："臣定不负陛下所托。"

实际上，这是一个错误的情报。当卫青率5万人马从定襄出塞，北行1000多里后，便看见匈奴单于本部人马正严阵以待，想以逸待劳歼灭汉军。

卫青果断下令将武刚车排成环形营垒，命5000骑兵出阵迎战。

很快，匈奴出动大约1万骑兵前来袭击。匈奴人马虽多，但一时也奈何不了汉军。汉军的武刚车前有坚硬的盾壁保护，即使驰近射击也占不了多少便宜。

双方杀得正起劲，曹襄和公孙贺率领人马赶来了，汉军实力大增。日落之际，漠北狂风骤起，黄沙漫天，沙石打在人们的脸上，两军都无法看见对方。卫青知道这是发动突然袭击的大好时机，于是抓住机会，命左右两翼急驰向前，包抄伊稚斜单于。

伊稚斜单于见汉军汹涌而来，而且骑兵十分强悍，心知不是汉军对手，连忙叫赵信传令撤兵。与此同时，他丝毫不敢耽搁，乘着6头骡子拉的车，带上几百精骑，径直冲开汉军的包围圈，向西北奔驰而去。

此时天已黄昏，汉军和匈奴人混战一番后，双方伤亡大

第五章 封狼居胥

致相当。一名汉军左校尉抓到了一个匈奴俘虏,才知道伊稚斜单于早已逃离了战场。卫青连忙派轻骑兵连夜追击。他自己也率大军紧随其后。

卫青率部穷追不舍,一直追出200多里,天都快亮了,但却连伊稚斜单于的影子都没有见着。一路追击下来,他们来到了窴颜山下的赵信城,发现了匈奴屯积于此的粮食。卫青命令将士们在此驻留休整,一天后再行返回。离开的时候,他们将城中剩余的粮食都烧光了。

霍去病从代郡出塞后,大胆重用熟悉地形地貌的匈奴俘虏做先锋,迅速深入推进,向北急行军,很快与右北平太守路博德在兴城(今内蒙古多伦县附近)会师,他们稍事休整,然后准备穿越大漠。

数日后,他们进入了流沙地,有时看似荒草高原,实际上只有表面浅浅的一层植被,下面是厚厚的黄沙,甚至是可以流动的沙河,每走一步都必须小心翼翼,所以行军速度慢了下来。此时虽是春暖花开的季节,但这一望无际的茫茫沙漠却寸草不生,看不到一丝绿意和生机。

从骑侯赵破奴皱着眉头,说:"走了这么久还没有遇到一个匈奴人,什么时候才能找到伊稚斜的主力呢?"

"匈奴人多逐水而居,只要能发现河流,就一定能找到人,从他们口中一定能得到匈奴单于的消息。"霍去病胸有成竹地说。

接着,霍去病下令全体将士简装便行,只带够吃3天的粮食,而把汉武帝费尽心思准备的步兵和辎重全部留下,不再跟随大军深入沙漠,以保持军队的快速机动。他的作战风格一向是以战养战,从不畏惧千里奔袭。不少将士曾跟随他数次出征,熟知他的作战风格,所以也就不以为怪了。

当霍去病率大军行至大漠北缘时,终于遇到了匈奴的一队人马,约有1万骑。

这支匈奴部队是伊稚斜单于派来支援长子左贤王乌维的,领军的是章渠。伊稚斜单于的主力已经撤到了余吾水(今蒙古国鄂尔浑河支流土拉河)以南,他担心乌维势单力孤,便派章渠过来拦截汉军。

现在距左贤王乌维撤离这里已经好几天了,章渠正准备率部离开,遇到了霍去病。看见汉军帅旗上那个硕大的"霍"字,章渠心中一惊,料定来者正是传说中的汉军战神。事已至此,他也只能硬着头皮,拼死一战了。

双方骑兵都已排开阵势,霍去病先发制人,命赵破奴、安稽各领3000精骑,从匈奴部队的正面直穿过去,一下子将匈奴人分切成了三个部分。

第五章 封狼居胥

章渠一见不由得慌了,挥舞着双刃弯刀,朝霍去病直接杀了过来。霍去病冷笑一声,挺起长槊,迎了上去。双方战了将近10个回合,霍去病渐渐占了上风,将章渠打落马来。汉军士兵见状,一拥而上,将章渠绑了起来。匈奴兵见主将被抓,乱作一团,渐渐失去了斗志。在霍去病的指挥下,汉军轻松击败了章渠所部。

霍去病审问章渠,得知左贤王乌维的部众约有30万人,其中可作战的有十一二万人。

看来左贤王兵力不少,霍去病下令迅速朝左贤王乌维撤逃的方向追赶,并亲率先锋部队冲在最前面。当他们越过离侯山(在大兴安岭一带)之后,行军却又变得异常艰辛起来。空旷的天地间,没有植物,没有飞鸟,更没有人迹,视线所及除了黄沙还是黄沙。

为了阻挠汉军前进,左贤王乌维下令将腐烂的牲畜扔到本来就很稀缺的水源之中。

不得不说,左贤王乌维这一招够毒辣。汉军横穿大漠,准备的饮用水早就喝光了,马背上盛水的皮囊已经空空如也。将士们一个个口干唇裂,面无血色,不断有人昏倒在地。一开始大家还嫌弃这些水太脏难以入口,但后来实在口渴难耐,有些人就顾不了那么多了,忍不住喝了几口。向导急忙制止,说:"这水喝不得,轻则生病,重则丧命。"

霍去病皱紧了眉头,在大漠里没有水,比没有粮食还要可怕。他找来复陆支、伊即轩、安稽、邢山等熟悉大漠的将领,问他们可有什么办法。

复陆支说:"如果我记得没错,再走一段路就可以到达弓卢河(今蒙古国东部的克鲁伦河)。大家再忍一忍,马上就能喝到干净的水了。"

霍去病大喜,当即下令:"全军以最快的速度赶往弓卢河,中途不许停歇。"

荒漠之上,飞沙走石,黄沙滚滚。霍去病率领大军继续前行,如一阵飓风,从苍凉的大漠中迅疾掠过。

饮马瀚海

第二天傍晚时分,霍去病终于率大军来到了弓卢河。弓卢河蜿蜒曲折,清澈的河水迂回向东,缓缓流入呼伦湖,宛若一条淡蓝色的哈达缠绕在碧绿无边的草原上。久旱逢甘霖,汉军将士一个个欢呼着冲下河去。霍去病下令就地稍作休整。

第五章　封狼居胥

大风依然强劲地刮着,军旗在风中猎猎作响,帅旗上大大的"霍"字分外显眼。沙漠上空,平铺天际的云层缓缓移动,在起伏的沙漠上投下巨大的阴影,似乎预示着一场大战即将来临。

霍去病站在弓卢河边,极目远眺,左贤王部就在河的对岸休息。他又看了看眼前的弓卢河,河面不宽,战马足以通过,于是决定第二天早晨便发起进攻。他召集校尉以上将领,进行作战部署:"为免夜长梦多,明日一早我们便渡河杀敌,不破匈奴誓不还!"

将领们也都斗志满满,齐声道:"誓破匈奴!"

次日清晨,霍去病率大军开始强渡弓卢河,汉军将士一路走来历尽千辛万苦,这时都憋足了劲,数万匹骏马驰骋冲锋。左贤王乌维听得汉军战马涉水踏沙的声音,马上体会到了眼前敌人的可怕之处,连忙下令放箭阻止汉军渡河。

在箭雨中,英勇的汉骑先锋以盾相护,不多时便有上千人马过了河。

汉军渡河之际,屯头王和韩王所部对汉军持续发起猛攻。霍去病大怒,长槊一挥,拍马冲了上去。擒贼先擒王,二王双双倒地。右北平太守路博德在敌阵中左冲右突,以一当十。

北地都尉邢山，随从霍去病左右，一连挑翻了几个匈奴士卒。汉军将士大受鼓舞，个个奋勇争先，冲上去与匈奴人交战。匈奴人没想到汉军将士经过长时间的行军，还如此勇猛。短短半个时辰，双方第一波遭遇战就结束了。

左贤王乌维在后方听说屯头王和韩王部这么快就被攻破，怒不可遏："屯头王和韩王真是不堪一击，本王的脸都给他们丢尽了。"他当即下令左大将率部在桴余山（今蒙古国肯特省西北部的巴彦乌拉山脉，匈奴漠北野马盛产地）据险布防，阻击汉军。

左大将果然勇猛异常，他一来到中军，匈奴人立刻稳住了阵脚，开始疯狂向汉军反扑，汉军又被迫退了回来。

霍去病见状，在阵前高声问道："现在敌人甚是顽强，哪位将领愿冲锋陷阵，斩将夺旗？"

霍去病话音刚落，便有人挺身而出，慨然道："末将曾经领教过左贤王的本事，此人不难对付！"众人一看，说话的正是两年前跟随父亲李广出征右北平，率领十几人直穿左贤王军阵如入无人之境的李敢。

霍去病见李敢杀气凛凛，气魄与自己颇为类似，对他不禁有几分欣赏，点头同意让他出战。

第五章 封狼居胥

此前李家军 4000 子弟因为左贤王几乎全军覆没，所以李敢这次真可谓仇人相见，分外眼红。他大喊一声："走，随我冲上去，将他们的王旗鞞鼓给夺了！"他率所部千余骑如闪电般冲入敌阵，左右冲突，勇不可当，一直杀到旗鼓车旁。李敢飞身跃上旗鼓车，用环首刀劈杀了鼓手，又返身刺倒旗手，收缴了匈奴人的军旗、战鼓。汉军见状齐声欢呼，霍去病大喜，当即下令全军冲锋，汉军士气昂扬，越战越勇。路博德、赵破奴、邢山见李敢如此勇猛，也不甘示弱，冲入匈奴军中，几乎无人能够阻挡。

匈奴的军旗战鼓此时已被李敢收缴，没有办法来整饬号令军队，全军陷入混乱之中，哪里挡得住汉军铁骑的冲锋，顿时全线崩溃。匈奴左大将赶紧弃军撤回后方。

左贤王乌维在后方听说左大将败退，又听得数万汉军分几处围击而来，只得亲自率众出战。然而，经过约两个时辰的激战，左贤王乌维的 12 万人马已损耗近半。左大将一边助战，一边劝道："左贤王，快撤吧！"

左贤王乌维咬牙切齿地说："霍去病此人不除，我匈奴将永无宁日。"趁前方混战，他率亲信仓皇逃走。

赵破奴发现左贤王准备逃跑，大声喊："快追，敌首要跑了。"然后他率轻骑追了上去。但左贤王乌维熟悉附近地理环境，很快把赵破奴远远甩在后面，向北撤入了草原。赵破奴追出50多里后，不见了左贤王的行踪，只得率人马返回。

此时，汉军主力还在与左贤王乌维的人马鏖战，金戈交响，战马悲鸣，又持续了一个时辰，几乎全歼了左贤王一部主力，俘虏数万人。

因为左贤王乌维成功逃脱，霍去病很不甘心，下令："继续北进，追击左贤王余部，一个不留！"

他们一直追到狼居胥山（今蒙古国肯特山，在乌兰巴托东北），但哪里还有左贤王的踪影！霍去病很不甘心，下令大军就地扎营，并派出斥候继续探查左贤王的行踪。

此战汉军自身损伤3/10，约1.5万人，总共歼灭匈奴7.4万多人，俘虏屯头王、韩王等3人，以及相国、将军、都尉等高官80多人。

河西之战，霍去病断了匈奴"右臂"；漠北之战，又斩了匈奴"左臂"。从此，匈奴王庭只剩下伊稚斜单于孤悬漠北，再也无力与汉王朝抗衡。

漠北决战后，由于人员、物资均损失惨重，匈奴这个马背上的强悍民族只能继续向北方远遁，由此出现了"漠南无王庭"的局面，十几年内匈奴再无南下之力。

第五章 封狼居胥

宾客盈门

漠北之战，匈奴元气大伤，汉军的损失也不小，出征的 14 万匹马仅 3 万余匹返回。但战果也是辉煌的，为了表彰他的功劳，武帝增封其食邑 5800 户。这样一来，霍去病的食邑达到了 16100 户，远远超过了卫青的 12800 户。

霍去病手下的将士也获得了丰厚的赏赐。

北平太守路博德率部会师，没有错过日期，并跟随至梼余山，俘虏和斩杀匈奴 2700 人，封符离侯，赐食邑 1600 户。

北地都尉邢山捕获匈奴小王，封义阳侯，赐食邑 1200 户。

从前投降汉朝的匈奴因淳王复陆支以少破多，得封壮侯，赐食邑 1300 户；楼专王伊即靬，得封众利侯，赐食邑 1800 户。

从骠侯赵破奴、昌武侯赵安稽攻打匈奴有功，各增封 300 户。

校尉李敢夺取敌军的军旗战鼓，封为关内侯，赐食邑 200 户。

校尉徐自为被授予大庶长的爵位。

给孩子读的中国先贤故事：霍去病

霍去病属下的小吏士卒，封官和受赏的也非常多。而大将军卫青及部下却受到了汉武帝的冷落。

这次漠北决战，汉武帝让霍去病和卫青共同出场，他的一些安排很耐人寻味。比如人员配置，表面上很公平，卫青和霍去病各率领5万骑兵。但是，分配给霍去病的都是骁勇剽悍的精锐骑兵，分配给卫青的则是普通骑兵。两者战力悬殊，霍去病立功的机会更大。

再如战略安排，汉武帝本来是让霍去病率军从西边的定襄出发，去攻打匈奴单于。但是，从俘虏那里得知匈奴单于在东边后，汉武帝又马上改变主意，调换霍去病和卫青的出兵路线，让霍去病改从东边的代郡出发，而让卫青从定襄出发。

可见这都是为了让霍去病担任主攻，正面对决匈奴单于。

在封赏过后不久，汉武帝又觉得霍去病的战功高于卫青，但官位却在卫青之下，有些委屈了霍去病。他思考良久，终于想出了一个弥补的办法，决定设置一个新的职位，叫"大司马"，然后让卫青和霍去病都做大司马，共同管理日常的军政事务。他又下令将骠骑将军的秩禄提升到与大将军同等，使骠骑将军与大将军级别一样。

第五章 封狼居胥

之后，卫青的权势明显开始走下坡路，而霍去病的地位则日渐升高。从前追随卫青的门生故吏也纷纷改换门庭，去投靠霍去病。卫青府上少有人登门拜访，十分冷清，只有任安、公孙敖等旧人依然如故。卫青的姐夫公孙贺还开玩笑地说："如今陛下眼里只有去病这个常胜将军，以后恐怕没有你这个大将军什么事了。"

其实作为大将军，卫青为人谨慎稳重，从不居功自傲，待人谦和又勤奋好学、礼贤下士。他初封大将军时，汉武帝希望群臣见到卫青时行跪拜之礼，但大臣汲黯坚持行揖礼。卫青并不介意汲黯的做法，反而经常向他请教国家和朝廷中的疑难之事，十分看重他。

苏建也曾经劝告卫青养士以获得好名声，但是卫青知道以前窦婴和田蚡招揽宾客就让汉武帝很不高兴，所以他说："自从魏其侯窦婴、武安侯田蚡厚待宾客，天下人无不切齿痛恨。亲近和安抚士大夫，招选贤才，废除不肖之人，是国君的权力所在。臣子养士是天子所忌讳的事情，而且作为臣子，只需要遵守法度，干好本职工作就可以了，何必为求得好名声而去养士呢？"即便是在权势最巅峰时期，卫青也从来不曾招揽士人。

位极人臣却能低调收敛,打仗时又能披荆斩棘、所向披靡,对于皇帝来说,还有比这更完美的臣子吗?奈何伴君如伴虎,卫青就是因为太完美,身上的光芒太耀眼了,加上手握军权,汉武帝自然不太放心。

现在霍去病崛起了,短短数年间,其地位几乎能够与卫青相抗衡。卫青是个聪明人,很快就察觉到了汉武帝的用意。他本来不喜钩心斗角,索性托病居家,乐得清静。

霍去病知道自己今日的成功离不开舅舅的栽培,他不想与舅舅产生隔阂,也非常认同舅舅不养门客的做法。但是,对于汉武帝的安排,他也无可奈何,只能在卫青的门生故吏前来投靠时,吩咐仆人:"关上大门,若再有人来进谒,一律不见。"

霍去病原本想对这种情况置之不理,但是听到外人对汉武帝区别对待他们甥舅二人议论纷纷时,他心里非常难受,便来找舅舅倾诉烦恼。卫青并不介意霍去病比自己更受汉武帝宠信,他看着霍去病从小长大,对这个外甥有着很深的感情,汉武帝的做法倒不至于影响他和霍去病的关系。看到忿忿不平的霍去病,卫青语重心长道:"你我同出卫氏。你有出息,舅舅高兴都来不及呢。身为臣子,最重要的是忠君爱国，如今你深受陛下信任，更应当多为天子分忧，不必在意外面的那些风言风语。"

霍去病郑重地点了点头，他从小就把舅舅当榜样，舅父做人做事也总是让他佩服不已。卫青此时的一番劝勉让他茅塞顿开，使他更加清楚地意识到自己责任重大。之后，他还是和往常一样去卫青府中，与卫青切磋、讨论兵家之事。对于卫青的门生故吏，霍去病也不再拒绝，只要有合适的机会便举荐他们。

汉武帝对权力的掌控是十分严密的，起初他的舅舅田蚡仰仗着王太后的势力，位居宰相，肆意妄为，经其举荐升迁的官员，甚至有人直接从平民被提拔为二千石的高官，权力一度十分膨胀，这引起了他的忌惮。如今卫青和霍去病征讨匈奴、战功卓著，二人关系亲近，又同以皇后卫子夫而尊贵显赫，这不能不引起他的注意。但是，不管汉武帝的目标是不是要分化卫霍，因为卫青谦让仁和，不热衷权势，霍去病也只是一个征战沙场、热血衷肠的武将不喜争权夺利，所以他们并没有如田蚡、窦婴那样为争权势高低而闹得朝堂天翻地覆、乌烟瘴气。而且，从霍去病后来为了维护卫青而射杀李敢来看，霍去病对这个舅舅始终是尊敬、爱戴的。

封禅是指在古代太平盛世或天降祥瑞时由帝王亲自举行的祭祀天地的大型典礼。"封"为祭天,"禅"为祭地。早在夏商周三代就有封禅的传说,但历史上有明确记载的第一次封禅则是由秦始皇举行的。秦始皇二十八年(前219年),秦始皇率领文武大臣及儒生博士70人到泰山举行封禅大典,在泰山顶立碑,举行封礼,然后又去梁父山行了禅礼,又立碑刻字于泰山,重点强调自己"初平天下"的功劳。汉武帝在平定漠北、扫除匈奴之患之后，又在南方先后平南越、东瓯、西南夷，随即将封禅一事提上了日程。元封元年（前110年），武帝首次封禅泰山，还带上了霍去病的儿子霍嬗。此后每隔四五年，他都会到泰山"修封"。他一生封禅泰山多达6次，是中国行封禅礼最多的皇帝。此后封禅泰山的帝王，仅有光武帝、唐高宗、唐玄宗和宋真宗四人。

后来居上

今天，"后来居上"作为一个描述客观状态的成语，意思是说某人起步虽晚，但成就反而超过别人，可以用来表示称赞或鼓励。然而，"后来居上"最初是一句表达不满的牢骚话，发这个牢骚的是汉武帝时的名臣汲黯。汉武帝广纳贤才，多多益善，而且他用人不拘常法，甚至破格提拔。当汲黯位列九卿的时候，张汤和公孙弘只是不起眼的小吏，后来因为受到武帝的重用而平地高升，张汤当了御史大夫，公孙弘官拜丞相。甚至最早和汲黯同朝的丞相的属官小吏，都有和他同列，甚至超过他的。

汲黯心生不满,就向武帝发牢骚说:"陛下用群臣,如积薪耳,后来者居上。"意思是说,陛下您用人就像堆积木柴一样,越堆越高,后来居上。

第六章

将星陨落

"太平本是将军定,不许将军见太平。"或许是天妒英才,在汉武帝再一次打算派霍去病北征匈奴时,霍去病却生病了,而且病情发展很快,没多久就去世了,年仅 24 岁。他仿佛是为了对抗匈奴而生,为了帮助汉武帝完成征服匈奴的愿望而来。为表彰霍去病抗敌卫国的不朽功勋,汉武帝特赐其陪葬茂陵,并追谥其为"景桓侯"。

甘泉狩猎

长安郊外的上林苑,山高坡陡,沟深林密,树木颜色各异,将秋色渲染得更加迷人。此时,林中旌旗飘飘,鼓角阵阵,汉武帝大声宣布:"今日以猎物最多者为胜,朕将重赏!"说完策马向前冲去。众人也不甘示弱,纷纷拍马跟了上去,人声喧哗、奔马嘶鸣,惊得飞禽走兽四处奔逃。

不一会儿,很多人便有了收获。郎中令李敢发现左前方有一只麋鹿一闪而过,心中大喜,急忙策马急追。麋鹿跑得飞快,眼看就要追不上了,李敢心里正有些懊恼,恰巧麋鹿被一条宽大的沟壑挡住了去路,他抓住机会射出一箭,随着"嗖"的一声,麋鹿应声倒在地上。

李敢下了马,快步走过去察看麋鹿的情况,突然感觉身后有响动。他回头一看,只见霍去病骑在马上,目光如炬,杀气腾腾。李敢心中一惊,还没明白是怎么回事,便看见霍

给孩子读的中国先贤故事：霍去病

去病张弓搭箭，将箭头对准了自己，李敢来不及躲闪，应声倒地。

在漠北大战时，李敢曾跟随霍去病出征匈奴，夺下了左贤王部的军旗战鼓，他和霍去病配合得还不错，相互之间也没有什么矛盾和冲突。那么，霍去病为何要置李敢于死地？

一切还要追溯到元狩四年（前119年）的漠北之战。这一年，汉武帝命卫青、霍去病各率5万骑兵，从定襄、代郡出发，远跨大漠征讨匈奴本部，对敌军发起致命一击。

当时朝中老将李广，也就是李敢的父亲，已经年过六十，他善于骑射，作战勇猛，总是身先士卒，在汉军中小有名气。他先后担任过上谷、上郡、陇西、北地、雁门、代郡、云中太守，匈奴人都很畏惧他，称他为"飞将军"。

李广征战沙场几十年，大小战斗打了70多场，有几次还险些丧命，可谓出生入死。可奇怪的是，连他的部将都有很多被封侯了，他却一直没有封侯。李广对此一直耿耿于怀，未能封侯的遗憾，就像一道阴影笼罩在他的心头挥之不去。他渴望在生命的最后阶段建功立业，为自己的戎马生涯画上一个圆满的句号。

第六章 将星陨落

所以，在汉武帝宣布作战行动后，李广便主动请命："恳请陛下让老臣随军出征。"

望着白发苍苍的李广，汉武帝委婉地说："老将军年事已高，正应在家颐养天年，何必上战场去冒险呢。打仗的事，让年轻人去就好了。"

"正因为我年事已高，这恐怕是我最后的出战机会，恳请陛下成全。"李广不甘心，仍苦苦请求。

汉武帝不忍心，于是答应让他担任前将军。不过，汉武帝并不看好李广，觉得他年纪大，运气又不好，每次出征总是遇到挫折，如果真的让他打前锋，可能会误了大事。所以，大军出发之前，汉武帝又特意嘱咐卫青说："保护好老将军！让他做前锋是朕照顾他的情绪，上了战场，绝对不能让他真的上阵去拼杀，让他作为偏师就好了。"

李广其实也做好了自己永远留在漠北荒原的心理准备，大丈夫生当建功立业，纵使战死沙场、马革裹尸，亦是死而无憾。只是他万万没有想到，等待他的会是一场悲剧。

出塞后，汉军抓到了一个俘虏，得知了伊稚斜单于的驻地，卫青决定亲率精兵迎战。同时让李广和右将军赵食其一起走东路，约定时间会师。但是，东行道路曲折坎坷，而且沿途的水草很少，不能供应大队人马，只能分成多个小队，缓缓而行。李广求功心切，对这样的安排很不满意，于是直接找到卫青，问道："我是前将军，按理应该走在大部队的前面迎敌，为何大将军要把我调去走东路呢？我从少年时就与匈奴作战，现在好不容易等到跟单于对决的机会，愿作为先锋战死沙场。"

卫青没有过多解释，只是坚持让李广走东路，并让长史写文书发给李广，说："赶快到右将军部队中去，照文书上写的做，否则军法处置。"

李广无奈，只得执行命令，但因为心里有气，他没有向卫青告辞就启程了。将帅不和，注定了这一仗不会太顺利。

因为没有向导，李广和赵食其在茫茫大漠中不时迷路，耽误了与主力部队会师的时间，导致合击计划没有成功执行。卫青虽然大败匈奴，但是没能活捉伊稚斜单于。

卫青收兵后，南行越过沙漠，才遇到李广和赵食其的军队。李广见过卫青后，闷闷不乐地回到自己军中。卫青派军中长史给李广送去干粮和酒，顺便询问迷路的原因，以便向汉武帝详细汇报军情。

李广认为卫青这是有意为难自己，所以没有马上回答。

第六章 将星陨落

卫青便让长史紧急责令李广的幕府人员前来对质。李广说："各位校尉没有罪，是我自己迷了路。我自己去对质。"

长史离开后，李广愤怒的情绪达到极点，他对自己的部将们说："我从少年时起与匈奴作战70多次，如今有幸随大将军出征和单于军队交战，可是大将军却调我去走迂回绕远的东路，而我又偏偏迷路，这难道不是天意吗？况且我已60多岁，不能再受那些刀笔小吏的侮辱了。事已至此，唯有一死。"说罢，拔出佩刀，自刎而死。

李广自杀的时候，长子李当户、次子李椒都已经去世，小儿子李敢当时以校尉之职，跟随霍去病出征代郡。因夺左贤王鼓旗，且斩杀的敌人很多，回师之后被封为关内侯，食邑200户。汉武帝念及李广戎马一生、忠于汉室，又让李敢承袭父职，为郎中令。

但是，李广之死，让李家的人很长一段时间都沉浸在悲痛之中。李敢也一直闷闷不乐，常常借酒消愁。他睡觉时经常梦见父亲神情悲愤，似有冤屈。他隐约听到了一些议论，说是因为担任中将军的公孙敖此前失了侯爵，卫青为了照顾他，就让公孙敖跟自己一起正面对战匈奴，好给他一个建功立业的机会，于是就把李广调开了。

卫青为什么这么关照公孙敖呢？原来，公孙敖曾经救过卫青，两人可以说是生死之交。那时卫子夫受到汉武帝宠幸，卫青在建章宫当差。陈皇后嫉妒卫子夫，她的母亲长公主刘嫖便派人把卫青抓住关了起来，准备杀掉。危急时刻，卫青在建章宫的同僚公孙敖等人，火速赶到现场，成功劫救了卫青。俗话说，救命之恩，当以涌泉相报，卫青十分感激公孙敖，时时想着帮助他。

李敢知道个中原由后，心里的怨气更大了，认为正是因为卫青随意调离自己的父亲，才使父亲绕行迷路，失去了立功的机会，最终激愤自杀。

他找到丞相李蔡，把自己了解的内情详细告知，并且说："卫青假公济私，害我父冤死，此仇不共戴天！"

李蔡是李广的堂弟，在元朔五年（前124年）跟随卫青出征时，因积功被封为乐安侯。到元狩二年（前121年），李蔡又因攻打匈奴有功，被任命为丞相。

李蔡担心李敢年少气盛惹出大祸，忙劝阻他说："此事还须从长计议，待我找机会奏明陛下，还你父亲一个清白。"

事实上，不让李广正面对敌原本就是汉武帝的意思，所以当李蔡在朝堂上陈述李广的冤屈时，汉武帝说："将在外，

第六章 将星陨落

君命有所不受。大将军可根据战场上的形势调兵遣将，进行作战部署。关于李老将军的事情，大将军已详细奏报，这事就到此为止！"

李蔡见汉武帝如此态度，也不敢再多话了，下朝后又找到李敢，劝慰了他一番。李敢心里更加不忿，认为卫青是汉武帝的小舅子，汉武帝自然是偏袒他。

元狩五年（前118年）的一天，卫青设宴款待参与漠北决战的将领们。众人把酒言欢，有人提议为路博德、邢山、复陆支等新封侯爵干一杯。路博德、邢山都是霍去病的部将，因为漠北之战立功而受封。

在一片欢声笑语之中，卫青的部将们却有些愤愤不平起来。原来，他们虽然经历了与匈奴单于的一场恶战，却因匈奴单于逃脱而功亏一篑，没有被封侯赐爵。现在众人聚在一起，几杯酒下肚，话也多了起来。有人说："如果不是李广将军迷路，没有按时跟我们会合，匈奴单于也不会逃脱。"

还有的人说话更不好听："李将军一向运气不好，跟他一起出征，我们也跟着走霉运。"

"年纪大了在家颐养天年多好，为何还这么逞能呢？"

李敢也在场，赴宴后他一声不吭，只是自顾自地埋头喝闷酒。现在听到众人的议论和讥讽，他心里更加不痛快了，借着几分酒意，他径直走向卫青，愤愤不平地说："末将父亲之死，都是拜大将军所赐。若不是你故意调他去走东路，他也不会落得如此下场。如今这些人在这里公然侮辱亡父，大将军你难道不觉得亏心吗？"

对于李广之死，卫青心里一直有些愧疚，他正要开口解释，李敢又说："我父亲一辈子都在和匈奴作战，'飞将军'的威名在外，但总是很难得到封赏，这也就罢了。他一心想要攻打匈奴，为我大汉尽一分力，谁能想到他以花甲之年出征，没有死在敌人的刀下，却自刎于军中。大将军是不是应该给一个说法，否则何以服众？"

李敢的态度虽然不好，但卫青还是心平气和地解释说："李老将军身经百战、杀敌勇猛、威震匈奴，我一向敬佩、尊重他。这次出征漠北，老将军迷失道路，贻误战机，按规定是要接受审讯，向陛下禀明军情的，然而他因为不愿面对讯问，羞愧之下选择了自刎。事发突然，我也感到很痛心。事情的发生经过，军中有详细的记录，并且已经上报朝廷……"

李敢哪里听得进去，卫青话音未落，脸上便挨了李敢一

第六章 将星陨落

拳。李敢一边挥拳,一边骂道:"你这个奸邪之人,今天我要好好教训你,为我父亲出一口恶气!"

在场的人一时都惊呆了。李敢挥舞着拳头还要打,还好众人及时过来阻拦,他才没有得手。有人赶紧把李敢拉走,卫青的侍从也都冲了进来,要把李敢抓起来治罪。卫青却摆摆手说:"算了,让他走吧。这件事到此为止!"

卫青并不想把事情闹大,他知道自己身为大将军,位高权重,更应该谨言慎行,小心行事。多年的官场生涯,使他学会了隐忍。现在李敢以下犯上,他也打算忍下来。俗话说,忍一时风平浪静,退一步海阔天空。在卫青看来,这点小伤算不了什么,他根本不放在心上,相对而言,他更担心霍去病知道这件事,他知道这个外甥遇事容易冲动,要是霍去病在场,肯定要惹出事端来。所以,卫青特意嘱咐家人和随从不许把这件事说出去。可天下没有不透风的墙,霍去病还是知道了这件事。

那天,霍去病正在后花园与儿子霍嬗嬉戏,无意中听到家中两个仆人一边干活,一边窃窃私语。

"我今天出去买东西,你猜我听到了什么?"

"什么事这么神秘呀?"

"我听人说,大将军被人打得鼻青脸肿的,好多天没有出门了。"

"谁这么胆大包天,连大将军也敢打?"

"上次去打匈奴,'飞将军'不是自杀了吗,'飞将军'的儿子李敢认为是大将军害死了他的父亲,在宴席上争论起来,说着说着就动起了手……"

霍去病听到这里,马上把那个仆人叫过来问话,了解了事情的来龙去脉。

霍去病和卫青的感情一向很好,既然知道了这件事,那他就无法坐视不理。在他看来,李敢是自己的下级,竟然对大将军如此无礼,他作为上级理应对李敢进行处置,这不仅关系到舅父的声望和威信,还关系到军队的风气和纪律。他暗自下了决心,一定要找机会教训一下不知天高地厚、胆大妄为的李敢。

这以后,霍去病照常和卫青一起进行大练兵,一切似乎风平浪静了。进入秋季后,汉武帝下旨让霍去病暂回长安休整,然后陪他去甘泉宫狩猎。转眼到了狩猎的时候,汉武帝带着一班文臣武将,浩浩荡荡地开向甘泉宫。李敢作为郎中令,也在随驾的队伍当中。于是在狩猎时,霍去病借机射杀了李敢。

霍去病虽然是汉武帝的宠臣,可李敢也是守卫宫廷的侍卫最高长官,擅杀重臣是死罪。

李敢中箭后,有人惊慌失措地跑向去汉武帝报告:"陛下,关内侯被人射杀了。"

汉武帝脸色铁青,问:"怎么回事?"

来人唯唯诺诺,不敢回答。汉武帝大喝一声:"快说!"

那人才战战兢兢地说:"霍……霍将军……"

汉武帝一听,心里已经明白了几分。霍去病是自己的心腹爱将,真要追究起来,依律应当问斩。可是人死不能复生,又何必再赔上霍去病的性命呢?汉武帝沉默良久,开口道:"你们都听清楚了,关内侯李敢是猎鹿之时不慎被鹿角挑死的!发生这样的意外,朕甚感心痛,此事任何人不得私下传播议论,违令者斩。传朕的旨意,厚葬关内侯,厚待其家属。"

尽管人们私底下仍难免有些议论,但事件基本上平息了。汉武帝虽然为霍去病撒了个弥天大谎,但是霍去病的肆意妄为也让他感到担忧,于是他安排霍去病暂去河西戍边,以避锋芒。

英年早逝

漠北大战后,匈奴主力被歼9万余人,内部大乱。伊稚斜单于和亲信逃跑后,失踪了十几天,生不见人,死不见尸。右谷蠡王认为伊稚斜单于已经战死,想要自立为单于,他说:"如今大单于失踪十余日,音信全无,恐怕是凶多吉少了。这大单于之位不宜空缺过久,否则人心不稳。我就勉为其难,担起这个重任吧。"

但有人表示反对:"还是再等等吧,大单于一定不会有事的。再说了,就算大单于不幸死了,继位的也应该是左贤王乌维……"

"乌维这次遇到的可是汉军劲敌,那个姓霍的将军想必你们也领教过他的厉害吧。乌维就算能逃出来,估计也没了半条命。"右谷蠡王冷笑一声道。

众人听了,也不敢再说什么。右谷蠡王便自立为大单于。

然而右谷蠡王还没高兴几天,伊稚斜单于便回来了,右谷蠡王无奈,只得向他赔罪,把大单于的位置让出来。

第六章 将星陨落

这次惨遭重创，伊稚斜单于决定休养生息，恢复战力之后再做打算。赵信也适时建议说："大单于可主动向汉廷请求和亲修好，汉廷每次送公主和亲，都会送上丰厚的物资。这事对我们来说只赚不亏。"于是，伊稚斜单于便派人南下求见汉武帝。

汉武帝与群臣商议此事，武将们大都表示反对，说："漠北一战，我们把匈奴打得毫无招架之力。现在他们居然还想要陛下送公主去和亲，并且进贡，陛下万万不可答应！此时正应趁其虚弱，再给予致命一击。"

文臣们则是同意修好的居多，他们认为连年征战，如今国库虚空，百姓也急需休养生息。

汉武帝最终采纳了丞相长史任敞的建议，任敞说："匈奴刚刚遭受失败，处境艰难，应当让他们做外臣，每年春秋两季到边境上来朝拜陛下。"

于是，汉武帝便派任敞为使，向伊稚斜单于提出了和谈的条件，要求匈奴比照南越王尉佗、朝鲜王满的旧例，承认汉朝的宗主国地位，向汉朝称臣纳贡，委身为外藩。但是心高气傲的伊稚斜单于不接受这样的要求，他将汉武帝提出的条件视为一种无礼的冒犯，愤怒地说："我诚心修好，汉廷却这样戏弄于我，可恨至极！"

为了表示自己的强烈不满，伊稚斜单于下令扣留任敞，不让他回去复命。听说任敞被扣留，汉武帝勃然大怒，下令筹划军备马匹，决心彻底消灭匈奴。

元狩六年（前117年），汉武帝开始进行战争动员，打算派霍去病和卫青再次北征匈奴，于是将霍去病召回长安。

然而天妒英才，就在准备出征的过程中，霍去病病倒了。其实去往河西不久，他就常常觉得精神欠佳，食欲不振。

汉武帝得知霍去病生病，连忙派太医前去诊治，严令一定要治好骠骑将军的病。然而，连着派了几位太医，个个都束手无策，说不出个所以然来，更不知道该如何用药。霍去病自己倒是不太在意，觉得自己是因为戍边时忙于筑城和安抚流民，感染过疫病才这样，只要休养一段时间就能好转。

汉室历来笃信黄老之术，武帝本人也热衷于求仙问道，他招来一些方士异人，为霍去病施法治疗，又四处搜索奇珍异草，让霍去病服食。但这些都没能挽回霍去病的性命。

秋日的一个下午，汉武帝刚刚处理完政事，内侍神色慌张地跑进来，报告说："陛下，大司马骠骑将军今日下午离世了。"

汉武帝闻言大惊，急忙差人起驾，轻车简从前往霍府。当他看到自己的心腹爱将双目紧闭，面容安详而又坚毅，禁不住泪如雨下。

关于霍去病的死因，至今仍存在争论。千百年来，人们做出了种种猜测，例如病死、遭暗算等。其中，"武帝下毒"这个说法被传得神乎其神，部分人甚至言之凿凿，仿佛确有其事。也有人说是在漠北之战中，霍去病因为饮用了带有病菌的水，患上了慢性疾病，最终发作不治。

然而，以上种种都只局限于猜测。在离霍去病最近的一部史书《史记》当中，作者对霍去病的死因没有过多记载，只有简单的一个字："卒"。后来褚少孙在《史记》卷二十建元以来侯者年表第八中补记道："光未死时上书曰：臣兄骠骑将军去病从军有功，病死，赐谥景桓侯，绝无后，臣光愿以所封东武阳邑三千五百户分与山。"其中提到霍去病是病死的，但是到底得了什么病，却无迹可寻。

其实，汉代人的平均寿命只有二十几岁，霍去病去世时是24岁。抛开暗杀、自杀这些猜测不讲，霍去病很可能单纯就是健康状况出了问题才突然离世的。霍去病虽然经历大小战斗数十次，从来没有失败过，但数次领兵出征的劳累，长时间处于艰苦、恶劣的环境之中，再加上战况紧急，使他没有时间好好休养、调理身体，由此造成不可治愈的伤病，也是可以想见的。

这个集万千荣耀于一身的大汉战神，就此结束了短暂却璀璨的一生，犹如一颗耀眼的流星划过天际。汉武帝悲痛欲绝，为了霍去病抗敌卫国的不朽功勋，特赐其陪葬茂陵（在今陕西兴平市东15公里），并追谥其为"景桓侯"。布义行刚曰景，辟土服远曰桓。"景桓"彰显了霍去病克敌服远、英勇作战、扩充疆土的不朽功劳。

汉武帝还为霍去病举办了隆重的葬礼，边界五郡的百姓派代表穿孝服护送霍去病灵柩。满朝文武与平民百姓，从长安城内一直到茂陵墓地，列阵送葬。

为了彰显这位英勇善战的青年将军的显赫军功，汉武帝下令将霍去病的坟墓修筑成祁连山的模样。又令工匠在墓前雕凿石刻，这些散落的石刻塑像威严而又端庄。

霍去病死后，在元鼎五年（前112年），汉武帝亲率上万骑兵出巡雍州（治所在今甘肃武威市凉州区），最后抵达甘肃靖远的黄河岸边。秋季的黄河汹涌澎湃，汉武帝极目远

第六章 将星陨落

眺,远处的祁连山连同咽喉一样的河西走廊已经成为中原版图的一部分。为了打通并且经略这条走廊,无数大汉男儿浴血奋战,不少人因此长眠于戈壁大漠。恍然间,汉武帝仿佛看到了当年霍去病驰骋疆场的飒爽英姿。

在霍去病去世后,汉武帝暂时搁置了北上讨伐匈奴的计划。但从这一年开始,他又按捺不住了,分别于元鼎五年(前112年)、太初元年(前104年)、太初三年(前102年)、天汉二年(前99年)、天汉四年(前97年)、征和三年(前90年)派兵攻打匈奴,然而这几次出击再也没有了过去的荣光,除了其中一次小胜救回被劫掠的数千人外,有两次是无功而返,有三次则遭受重创,这大大消耗了汉朝的国力,国内阶级矛盾尖锐,民不聊生。汉武帝不得不下罪己诏,检讨自己不惜民力、频繁远征的错误,改变国策,与民休息。

霍去病英年早逝,在他短暂的一生中只留下了一个儿子,叫霍嬗。汉武帝让霍嬗承袭了冠军侯的爵位,授官职奉车都尉,对他寄予厚望,希望他长大以后能继续霍去病的功业。然而,元封元年(前110年),在随汉武帝封禅泰山回来没多久,霍嬗就感染疾病不幸身亡,年仅10岁。武帝赐谥"哀

侯",并写了一首诗歌来表达自己的哀思,名为《思奉车子侯歌》:

> 嘉幽兰兮延秀,蕈妖淫兮中溏。
> 华斐斐兮丽景,风徘徊兮流芳。
> 皇天兮无慧,至人逝兮仙乡。
> 天路远兮无期,不觉涕下兮沾裳。

接连失去自己所宠爱的霍去病和霍嬗,武帝心里有着难以排遣的哀伤。人们也不禁为霍去病的命运感到惋惜和悲叹,因为霍嬗的离世意味着霍去病的后代断绝,冠军侯的封国被废除。此后,汉武帝又重用霍去病同父异母的弟弟霍光,封霍光为大司马大将军,并在临终时托孤。这也算是霍去病为自己的后辈留下的福荫了。

因霍去病再无子嗣,无人为其祭祀扫墓,霍光临死前向汉宣帝请求将自己的两个儿子霍山、霍云过继给霍去病,以祭祀宗庙,传承香火。不过到地节四年(前66年),因霍光长子霍禹谋反,霍家被株连,昔日辉煌的霍家就此轰然倒塌。当然,这一切都与霍去病无关了。

第六章 将星陨落

不朽传奇

历史的车轮滚滚向前，名将如流星陨落，霍去病匆匆来人间走一趟，仿佛只是为了帮助汉武帝完成征服匈奴的愿望而来。他18岁出征，一战封侯，22岁便踏平漠北，封狼居胥；一生6次出击匈奴。在他的奇袭突进、强攻猛击之下，匈奴人远遁漠北。在短短的4年戎马生涯当中，霍去病创造了不可复制的奇迹，而他本人则成了不朽的传奇。

霍去病没有留下任何兵书战策，这让他立下的彪炳战功更显得玄妙莫测、神乎其神。历史上关于霍去病的记载虽然非常简短，但在这些有限的资料当中，我们也可以略微窥见霍去病成就功业的一些原因。

汉武帝曾经想教导霍去病学习兵法，霍去病则认为打仗更重要的是谋略，不必拘泥于古代兵法。在出征匈奴的多次战役当中，霍去病常常是出奇制胜。首战匈奴，他独率精兵，远离大军，寻找战机，大获全胜。河西二战，他迂回侧击，闪电奇袭，转战多国，捕首虏甚多。漠北之战，他轻装上阵，以匈奴为向导，取粮于敌人，故能深入大漠而未尝困绝。

霍去病英勇无畏、强干果决，这是他成就屡战屡胜神话的又一个重要原因。在征讨匈奴的战场上，霍去病常常是身先士卒，奋勇当先。在这个一腔热血、为国献身的战神周边，聚集了一支勇猛精锐之师。在他的鼓舞之下，士兵们也常常舍身忘我、奋不顾身地杀向敌军。在他的猛烈攻势下，浑邪王甚至想要率部投降，在福祸难料的情况下，霍去病主动请缨，又在匈奴内乱之际，果决杀死反悔的人，最终成功受降。

当然，人无完人，是人就会有人性的缺点，霍去病的丰功伟绩上也不免有阴影的存在，那就是他不懂得体恤士兵。他虽然不是含着金钥匙出生，但到他的孩童时期，因为卫氏家族的命运改变，他的生活条件也变得优裕起来，长于罗绮的他对人间疾苦体会不深，并不懂得体恤士卒的艰辛。

霍去病每次出征，汉武帝通常会让人给他准备单独的饮食，有时食物竟有十几辆车之多。有时还会专门派人到军中给他送上精美食物，以示关心。因为食物多得吃不完，常常有腐烂变质的，而士兵们却缺乏粮食，难以自给，面有饥色。等到出征回来，粮车上还有很多没吃完的精米和肉，但霍去病全然没有意识到可以把自己的食物分发给士兵们。在塞外时，士兵们生活条件艰苦，有的人饿得都站不起来了，霍去病却还保持着在长安的贵族生活习惯，在军营中画定球场，玩踢球游戏。

还有霍去病为报私仇射杀李敢，也是他人生中的一个污点。但是，霍去病的骄纵跋扈在另一方面成就了他无所畏惧的心理。他为人率性、气度雄远，即使是汉武帝亲自教导兵法，他也不作虚假谦退之辞。

天纵英才，势不可挡。从汉初和亲的权宜之计，再到战马的养备、骑兵的训练，直到雄才大略的汉武帝的即位，为了战胜匈奴人的铁蹄，抗击匈奴人的侵扰，汉朝做了长久的准备。卫青直捣龙城，首创匈奴，之后连战告捷，军威大振。然而定襄一战兴师动众，却未能得利，匈奴的势力仍旧强大。

关键时刻，18岁的少年请缨出战，汉武帝急切等待的那道闪电终于出现。雷霆之所击，无不摧折者；万钧之所压，无不糜灭者。

霍去病彪炳战功和传奇人生一再地被人们书写、传咏。大诗人李白有诗《胡无人》云：

严风吹霜海草凋，筋干精坚胡马骄。

汉家战士三十万，将军兼领霍嫖姚。

流星白羽腰间插，剑花秋莲光出匣。

天兵照雪下玉关，虏箭如沙射金甲。

云龙风虎尽交回，太白入月敌可摧。

敌可摧，旄头灭，履胡之肠涉胡血。

悬胡青天上，埋胡紫塞傍。

胡无人，汉道昌。陛下之寿三千霜。

但歌大风云飞扬，安得猛士兮守四方。

千载之后，在世人心目中，霍去病仍然是那个神采飞扬、意气风发、策马扬鞭、一往无前的少年将军，他的桀骜不驯和英气勃勃从来没有消逝。

黄老之术

所谓"黄老",即黄帝与老子,其中,老子是道家始祖,写下《道德经》,五千字洋洋洒洒,玄而又玄;而黄帝则是传说中的上古帝王,道家之人伪托黄帝之名,成书数卷,广为流传,最后形成了"黄老"并列的道家学派。黄老之术起源于战国时期,是一种养生之道,主张清心寡欲,崇尚简朴自然的生活方式。黄老学派认为治国犹如治身,将养生与治国并重,为统治者提供了一种治国方略。汉

给孩子读的中国先贤故事：霍去病

初上至皇帝、太后，下至功臣、诸侯，都尊奉黄老之学，主张清静俭朴、无为而治，使人民摆脱秦朝的苛政和频繁战争得以休养生息。汉文帝、汉景帝奉行道家的黄老之术达到极致，历史称当时为"文景之治"。经过70多年的积累，"京师之钱累巨万，贯朽而不可校。太仓之粟陈陈相因，充溢露积于外，至腐败不可食"。廪庾皆满，国库充裕，人民富足，为后来汉武帝蓄力攻打匈奴做好了坚实的经济准备。

李广难封

李广英勇善战，箭术过人，他射箭可以穿石没簇，而且为人和善，能与士卒同甘共苦。他威名远扬，被匈奴人称为"飞将军"。他志在疆场、舍身报国，一生经历过大大小小70多仗，但始终未能建功封侯。他从孝文帝时就开始抗击匈奴，但职位却不及其后的卫青、霍去病，就连名声"出广下甚远"的李蔡也被封为列侯，位至三公。他的部下也有获封为侯的，他却始终是"官不过九卿"。他为此愤恨不平，私下向占卜望气的王朔诉说自己的苦

第六章 将星陨落

恼，王朔问他有没有做过让自己后悔的事，李广思量一番后，说当年自己当陇西太守的时候，诱降欲谋反的羌人800多名，却在他们投降后把他们都杀了，至今仍感到非常后悔。王朔借机说"祸莫大于杀已降"，这就是李广不得封的原因。实际上，从李广与匈奴对战的战绩来看，他确实没有达到封侯的资格。马邑之战中，他是骁骑将军，没有抓住时机追击匈奴，无功而返。4年之后，出雁门击匈奴，被俘，伺机逃脱。元朔六年（前123年），随大将军卫青出定襄攻击匈奴，无功。3年后霍去病征陇西的时候，李广奉命出兵右北平为掩护，中了匈奴左贤王部的埋伏，苦战后兵力消耗殆尽。再到最后的漠北之战，他迷途失道，未能及时应援卫青所部，最终羞愧自杀。

茂 陵

茂陵是汉武帝刘彻的陵墓，位于陕西省咸阳市和兴平市之间的北原上，西距西安40公里。此地在西汉时属槐里县茂乡，故称茂陵。在所有的王陵当中，茂陵的修造工期最长，于建元二年（前139）开建，至后元二年（前87）才竣工，历时53年。相比汉高祖和汉文帝、汉景帝的陵墓，茂陵是西汉帝陵中最为宏大富丽的一座。其陪葬丰厚，不可计数。据说到汉武帝下葬时，预留的储藏陪葬品的空间都已经塞满，以致"不复容物"。它承载了人们对"汉武盛世"的一切想象。汉武帝死后，陪葬茂陵的是李夫人。在汉武帝的墓葬周边除了他最为钟爱的霍去病的墓之外，还有卫青和金日䃅的墓。卫青墓在霍去病墓的西北，距离不足50米，按照汉武帝的指示，其形状像庐山。卫青墓的东边，是金日䃅墓，其形制为圆形封土。金日䃅是匈奴休屠王太子，霍去病出征河西，取休屠王祭天金人，汉武帝就赐归降的王子姓金。金日䃅一直侍奉汉武帝，从马监到最后的托孤大臣，深受汉武帝信任。卫青、霍去病和金日䃅这三个人的共同特点是忠于汉武帝，不过分参与政事，不在私下培植自己的势力，所以深为汉武帝倚重，最终得以陪葬茂陵。

附录

霍去病生平简表

- 建元元年（前140年），出生于河东郡平阳县（今山西临汾西南）。

- 元朔五年（前124年），17岁，被任命为侍中。

- 元朔六年（前123年），18岁，被汉武帝任命为嫖姚校尉，随卫青出征，追击匈奴于漠南（今蒙古高原大沙漠以南），首战告捷，被封为"冠军侯"，食邑1600户（《汉书》为2500户）。

- 元狩二年（前121年）春，20岁，被任命为骠骑将军，独自率领1万精兵，从陇西出发，进攻河西地区（今河西走廊及湟水流域）。转战匈奴五王国后，过焉支山千余里重创匈奴大军，杀折兰王，斩卢侯王，俘获浑邪王的王子及相国、都尉，斩首、俘获匈奴8900多人。增封食邑2200户。

给孩子读的中国先贤故事：霍去病

- 元狩二年（前121年）夏，在祁连山下斩杀匈奴3万余人。迫降单桓王、稽沮王、呼于屠王、酋涂王及相国、都尉等2500人；五王母、单于阏氏及王子59人，相国、将军、当户、都尉63人，都成了汉军的阶下囚。增封食邑5400户。

- 元狩二年（前121年）秋，在黄河接受浑邪王投降，杀敌8000人，受降4万多人。从此，丝绸之路的咽喉要道——河西走廊，牢牢地掌握在了大汉手中，为打通内地通往西域的道路奠定了基础。增封食邑1700户。

- 元狩四年（前119年），22岁，破袭左贤王，并在匈奴圣山——狼居胥山祭天封礼。增封食邑5800户。和大将军卫青一同担任大司马，共同管理日常的军政事务；其秩禄也提升到与大将军同等。

- 元狩五年（前118年）秋，23岁，在上林苑射杀关内侯李敢，被贬往河西戍边。

- 元狩六年（前117年），24岁，突然病重逝世，特赐陪葬茂陵，谥"景桓"。